Petits *C*lassiques

LAROUSSE

Collection fondée par Félix Guirand,
Agrégé des Lettres

W9-BCN-629

Andromaque

Racine

Tragédie

Édition présentée,
annotée et commentée
par Élio SUHAMY,
chargé de cours
à l'université Paris-IV Sorbonne

© Éditions Larousse 2006
ISBN : 978-2-03-586809-1

SOMMAIRE

Avant d'aborder l'œuvre

Andromaque
JEAN RACINE

Pour approfondir

AVANT D'ABORDER
L'ŒUVRE

Fiche d'identité de l'auteur

JEAN RACINE

Nom : Jean Racine.

Naissance : 1639, La Ferté-Milon.

Famille : petite bourgeoisie. Orphelin à 3 ans, Jean Racine est recueilli par sa grand-mère paternelle, Marie des Moulins, dont la fille Agnès deviendra abbesse de Port-Royal.

Formation : études chez les jansénistes à Beauvais, à Port-Royal, au collège d'Harcourt à Paris. Le jansénisme est une doctrine chrétienne austère, qui prône la rigueur et se préoccupe de la grâce et de la prédestination. Racine reçoit une importante culture grecque et latine.

Début de la carrière : composition de sonnets (1659), d'une tragédie perdue, *Amasie* (1660), d'une ode sur le mariage du roi, *La Nymphe de la Seine à la Reine* (1660). Il se lie avec La Fontaine, Perrault et surtout Boileau. Dès 1663, il fait partie des auteurs subventionnés par le roi.

Premiers succès : *Alexandre le Grand*, tragédie (1665), représentée d'abord par la troupe de Molière. Mais Racine n'apprécie pas son jeu et donne la pièce à la troupe concurrente, celle de l'Hôtel de Bourgogne : brouille. Le vrai succès ne vient qu'avec *Andromaque* (1667).

Évolution de la carrière littéraire : de 1664 à 1677, Racine compose neuf tragédies inspirées de l'histoire ancienne : *La Thébaïde, Alexandre le Grand, Andromaque, Britannicus, Bérénice, Bajazet, Mithridate, Iphigénie* et *Phèdre* ; une seule comédie : *Les Plaideurs*. Devenu écrivain de cour au service du roi, il cesse de composer pour le théâtre puis y revient avec deux tragédies inspirées de l'histoire sainte : *Esther* (1689) et *Athalie* (1691).

Mort : le 21 avril 1699, à Paris. Il est enterré à Port-Royal.

Timbre de 1949 à l'effigie de Racine
pour la commémoration des 250 ans de sa mort.

Repères chronologiques

Vie et œuvre de Jean Racine	Événements politiques et culturels
1639 **Naissance de Jean Racine.**	**1638** Naissance de Louis XIV.
1655 Début de ses études à l'école des Granges, à Port-Royal.	**1639** Révolte de la faim en Normandie.
1658 Entrée pour une année au collège d'Harcourt.	**1648-53** Révolté de la Fronde.
1659 Débuts dans la carrière littéraire et la vie mondaine. Sonnet à Mazarin sur la paix des Pyrénées.	**1655** Triomphe de *Clélie*, roman galant de Madeleine de Scudéry.
1660 *La Nymphe de la Seine à la Reine :* ode sur le mariage du roi Louis XIV et de Marie-Thérèse d'Autriche.	**1658** La troupe de Molière occupe la salle parisienne du Petit-Bourbon.
1661 Voyage à Uzès dans l'espoir d'un bénéfice ecclésiastique. Échec.	**1659** Victoire de la France sur l'Espagne. Corneille revient à la scène avec *Œdipe*, tragédie.
1663 Retour à Paris. Odes *Sur la convalescence du roi* et *La Renommée aux muses* sur le mécénat de Louis XIV.	**1660** Publication du *Théâtre* de Corneille.
1664 *La Thébaïde ou Les Frères ennemis*, tragédie.	**1661** Mort de Mazarin. Début du règne personnel de Louis XIV.
1665 *Alexandre le Grand*, tragédie : succès. Brouille avec Molière.	**1663** Invasion de l'Autriche par les Turcs. Corneille, *Sophonisbe*.
1666 Lettres contre Port-Royal.	**1664** Interdiction du *Tartuffe* de Molière.
1667 *Andromaque*, **tragédie : triomphe.**	**1665** Interdiction du *Dom Juan* de Molière. La Fontaine, *Contes et Nouvelles*.
1668 *Les Plaideurs*, comédie.	**1666** Corneille, *Agésilas*.
	1667 Guerre de Dévolution. Corneille, *Attila*.

Repères chronologiques

Vie et œuvre de Jean Racine	Événements politiques et culturels
1669	**1668**
Britannicus, tragédie.	Début des guerres de Louis XIV
1670	en Franche-Comté.
Bérénice, tragédie.	La Fontaine, *Fables*, Iʳᵉ partie.
1672	**1669**
Bajazet, tragédie.	Autorisation du *Tartuffe*.
1673	**1670**
Mithridate, tragédie.	Corneille, *Tite et Bérénice*.
Réception à l'Académie française.	Publication des *Pensées* de Pascal.
1674	**1673**
Iphigénie en Aulide, tragédie.	Conquête de la Hollande.
Racine obtient une charge	Mort de Molière en février.
de trésorier à Moulins mais	**1674**
ne s'y rend pas.	Corneille, *Suréna*, dernière
1677	tragédie.
Phèdre, tragédie.	Boileau, *Art poétique*.
Racine est nommé historiographe	**1677**
du roi, ainsi que Boileau.	Victoires françaises
Mariage.	à Valenciennes et à Cambrai.
1683	Spinoza, *Éthique*.
Racine accompagne le roi	**1678**
et les armées en Alsace.	Madame de Lafayette,
1687	*La Princesse de Clèves*.
Hymnes, poésie religieuse.	**1683**
1689	La cour s'installe à Versailles.
Esther, tragédie biblique.	**1685**
1691	**Révocation de l'édit de Nantes.**
Athalie, tragédie biblique.	**1687**
1699	Querelle des Anciens
Mort de Racine à Paris, le 21 avril.	(dont Racine et Boileau)
	et des Modernes à l'Académie.
	1689
	Guerre de la Ligue d'Augsbourg.

Fiche d'identité de l'œuvre

Andromaque

Genre : tragédie.

Auteur : Jean Racine (1639-1699).

Objets d'étude : tragique et tragédie ; le théâtre : texte et représentation ; le classicisme.

Registres : tragique, pathétique, élégiaque, précieux, épique.

Structure et forme : pièce de théâtre en cinq actes.

Personnages principaux : Pyrrhus, roi d'Épire et fils du héros Achille. Oreste, fils du roi grec Agamemnon, ambassadeur des Grecs auprès de Pyrrhus. Andromaque, veuve du Troyen Hector, tué par Achille. Hermione, fille du roi grec Ménélas, promise à Pyrrhus.

Lieu de l'action : le palais de Pyrrhus à Buthrote, capitale du royaume grec d'Épire (aujourd'hui Buthrint, en Albanie, en bord de mer, près de la frontière grecque).

Sujet : Oreste, ambassadeur des Grecs, arrive à la cour du roi Pyrrhus. Il exige qu'on lui remette Astyanax, dernier héritier de la famille royale troyenne. Or Pyrrhus est amoureux d'Andromaque, captive troyenne, mère d'Astyanax. Il rejette cette demande mais fait pression sur Andromaque – sans succès. Il accepte alors la requête grecque et annonce son mariage imminent avec Hermione. Andromaque le supplie d'épargner son fils, promettant en échange de l'épouser . Hermione, délaissée, exige d'Oreste qu'il la venge aussi celui-ci organise-t-il le meurtre de Pyrrhus au cours de ses noces. Mais Hermione court se suicider sur le corps de Pyrrhus. Oreste devient fou.

Premières représentations : Racine a confié *Andromaque* aux comédiens de l'Hôtel de Bourgogne. Henriette d'Angleterre, épouse de Philippe d'Orléans, frère de Louis XIV, est la protectrice de Racine : la pièce est créée dans les appartements privés de la reine (21 novembre 1667).

ANDROMAQVE.

Frontispice pour *Andromaque* extrait des œuvres de Racine.
Gravure de François Chauveau, XVIIe.

L'œuvre dans son siècle

Un succès immédiat

LE SOIR DU 21 NOVEMBRE 1667, les spectateurs privilégiés qui assistent à la « première » d'*Andromaque* dans les appartements de la reine assurent à la pièce un triomphe, et à l'auteur, une renommée immédiate. Depuis *Le Cid*, trente ans auparavant, aucune pièce n'a provoqué un tel émoi. Le public ne peut retenir ses larmes. Henriette d'Angleterre, belle-sœur du roi, présente à tous son protégé, le jeune Racine.

RACINE EST AMBITIEUX. Orphelin, sans fortune, il veut conquérir par la plume cette jeune cour et ce roi qui place la création artistique au même rang que les victoires militaires : le premier. L'écrivain s'est fait remarquer par des sonnets à Mazarin, à la reine, au roi. Sans être vraiment un inconnu, Racine n'a rien écrit de notable. Une première tragédie perdue, une *Thébaïde* médiocre, un *Alexandre le Grand* peu mémorable... Mais l'auteur a réussi à se faire admettre parmi les écrivains subventionnés par le pouvoir, grâce à des poèmes de circonstance.

Le triomphe de l'amour

À QUOI TIENT le triomphe d'*Andromaque* ? Tout d'abord, à une intrigue qui donne à l'amour la plus grande part. Les mots de la passion amoureuse n'avaient jamais autant touché les cœurs. Les tirades enflammées des héros sont rapidement dans toutes les bouches. Qu'il semble loin, le temps où les personnages de tragédie rivalisaient de grandeur d'âme, déchirés entre les contraintes d'un pouvoir bien théorique et des sentiments stéréotypés ! C'est désormais l'amour qui s'inscrit au centre des préoccupations humaines. Pas d'enjeu politique complexe, pas de lutte entre vertu, grandeur d'âme, devoir... mais des héros gouvernés par des passions sans issue.

C'EST AINSI QUE LE PUBLIC découvre une tragédie où le pouvoir est soumis à l'autorité de l'amour, ou plutôt des amours :

L'œuvre dans son siècle

Oreste, Hermione, Pyrrhus, Andromaque déclinent quatre façons radicalement différentes d'aimer. À la figure noble de la veuve Andromaque, qui chérit la mémoire d'un époux tué à Troie, s'oppose un Pyrrhus possédé d'une passion brutale et physique ; au caractère mouvementé d'Oreste marqué par le destin répond une Hermione déterminée, à la cruauté froide, au cœur dévasté par la passion et l'orgueil.

Une victoire plus difficile qu'il ne paraît

LES PERSONNAGES EXPRIMENT leur douleur dans une langue parfois convenue – nous y reviendrons – mais qui est celle des jeunes amoureux. *Andromaque* plaît avant tout à un public jeune. Qu'on en juge : Henriette d'Angleterre a 23 ans, Racine, 28 ans, le roi et la reine, à peine un an de plus. Les auteurs consacrés appartiennent à la génération précédente, que ce soit Molière (45 ans) et surtout le « vieux » Corneille, âgé de 61 ans. Or, le jour de la première représentation, les acteurs sont loin de refléter cette jeunesse. Montfleury, chef de la troupe de l'Hôtel de Bourgogne, joue Oreste malgré ses 67 ans. Le célèbre Floridor (Pyrrhus) en a environ 60. Mademoiselle des Œillets (Hermione), quant à elle, a 46 ans. Seule Marquise Du Parc – qui vient d'abandonner la troupe de Molière – a un âge en adéquation avec son personnage d'Andromaque : 34 ans. Sa beauté, sa fraîcheur et la modernité de son jeu sont pour beaucoup dans le succès de la pièce. Les excès de certains comédiens contribuent aussi à faire du spectacle un événement : Montfleury incarne un Oreste au ventre énorme, entouré d'une ceinture de fer, si furieux, si tourmenté et si hurlant... qu'il en meurt le 31 décembre suivant.

UN SUCCÈS, souvent, crée des jaloux, et donc des cabales. *Andromaque* n'échappe pas à la règle. Il se trouve des esprits pour critiquer la pièce, et pas des moindres : Molière accueille dans son théâtre une *Folle Querelle,* de Subligny, parodie de la pièce de Racine. Il est possible que le grand Corneille se soit parfois lié aux détracteurs de ce jeune rival. Racine est d'ailleurs sensible aux reproches qui sont faits à la pièce. Il retouche çà et là son texte, mais prend la défense de sa tragédie en ce qui concerne les peintures de caractères, en particulier celui de Pyrrhus, considéré comme trop violent et manquant à sa parole royale envers Hermione. Au cours de l'« affaire » *Andromaque*, Racine fait preuve de constance, de courage et de nombreuses qualités diplomatiques. Ses adversaires comprennent qu'il faudra désormais compter avec ce nouveau venu.

Vers la tragédie parfaite

Contrairement aux idées reçues, la tragédie, à l'époque des débuts de Racine, est bien loin de toujours respecter les fameuses règles « des trois unités » (de temps, de lieu, d'action). Ces règles, héritées d'Aristote et reformulées en 1657 par l'abbé d'Aubignac dans sa *Pratique du théâtre*, ne sont pas considérées comme un vestige poussiéreux du passé, mais comme un progrès. La génération montante s'y reconnaît et méprise les tragédies mouvementées de ses prédécesseurs. C'est pourtant le jeune Corneille qui, dans *Horace* (1640), avait relancé avec force l'idée que les pièces gagneraient à être plus simples : une seule action, un seul lieu, une seule journée. Mais, comme le prouve l'énorme succès d'un rocambolesque *Timocrate* (du frère de Pierre Corneille, Thomas) en 1656, le public ne se préoccupe guère de ces querelles et les laisse aux spécialistes. Lorsque Racine présente *Andromaque* sur la scène, il clame la nécessité des trois unités. Bien plus, il va chercher son sujet aux sources mêmes de la tragédie : dans l'Antiquité grecque. Les noms de personnages célèbres émaillent la pièce (Achille, Agamemnon, Ménélas, Ulysse...). L'auteur crée une action simple, parfaite comme un cercle : quatre personnages, une chaîne d'amours contrariées. Poussés par les circonstances (l'ambassade d'Oreste), les héros doivent prendre des décisions impossibles.

L'œuvre dans son siècle

Outre la lumineuse application de ces règles, Racine innove par l'absence de toute péripétie externe. Les mouvements de la pièce sont exclusivement dus à des décisions de personnages, à des atermoiements. Le hasard n'y joue pas de rôle. Enfin, si *Andromaque* marque l'histoire de la scène française, elle le doit autant à la perfection de son intrigue qu'à la naissance d'une langue à la musicalité inégalée. Équilibre, poésie, précision, les qualités du vers racinien sont mises au service d'une action prenante et émouvante. Il y a clairement, dans le théâtre français, un avant et un après *Andromaque*, comme il en fut pour *Le Cid*, comme il en sera pour *Hernani* : la tragédie dispose désormais d'un nouveau modèle.

Les Contemporains de Racine ont immédiatement reconnu la perfection du style racinien, et aucun ne s'est essayé à écrire une nouvelle *Andromaque*, contrairement aux habitudes de l'époque. Le schéma actanciel de la chaîne d'amours contrariées a, lui, été maintes fois reproduit. Mais c'est surtout la prépondérance de l'amour comme moteur des actions qui s'est imposée au théâtre de façon définitive. Construction dramatique, définition des caractères, brillance de la langue : l'influence écrasante de Racine est sensible jusqu'à Voltaire, en son temps aussi connu pour ses tragédies que pour ses œuvres philosophiques. Marivaux, autre grand observateur des passions amoureuses dans le théâtre français, a grandement subi l'influence de Racine : avant de trouver son style propre, il présente une tragédie dans le genre racinien, *Annibal*, en 1720.

Une nouvelle époque pleine de promesses

Cela fait à peine une quinzaine d'années que les troubles de la Fronde se sont apaisés. Louis XIV songe à occuper ses aristocrates, à les détourner de la chose politique dont il se veut seul maître. Versailles est en pleine construction. Ce château, appelé à devenir le centre du monde, s'élève au milieu d'un marécage, et les nobles se voient contraints de vivre dans des conditions parfois précaires, à la disposition de Sa Majesté. Le pouvoir absolu est encore trop récent pour être solide, mais les contemporains ont parfaitement conscience de vivre un moment exceptionnel de l'histoire du pays. Le jeune roi montre très tôt des qualités hors du commun. Les victoires militaires l'auréolent d'une gloire immense : la France est clairement la première puissance guerrière du continent. Les auteurs (poètes, dramaturges) ont admis qu'ils doivent se mettre au service de la gloire royale.

La prépondérance des spectacles

AU COURS DE CETTE ÉPOQUE CHARNIÈRE, le théâtre joue un rôle essentiel. Il y a peu d'instants de cette ampleur dans l'histoire culturelle : le Siècle d'or espagnol (XVIe-XVIIe siècles : Cervantès, Lope de Vega, Calderón...), la période élisabéthaine en Angleterre (fin du XVIe siècle : Shakespeare, Marlowe, Jonson), l'âge classique en France (le règne de Louis XIV : Racine, Molière, Corneille, et aussi La Fontaine, Boileau, Madame de Lafayette...). Sous Louis XIII, la France était dirigée par le cardinal de Richelieu, protecteur des arts. Son successeur, Mazarin, se montra bien moins intéressé par la politique culturelle. Quand Louis XIV prend le pouvoir à sa majorité, il est notoire que le jeune roi adore le spectacle. Lui-même excellent danseur, il impose à la cour de nouveaux plaisirs et subventionne les arts du spectacle parlé, chanté ou dansé, voire cette nouvelle sorte d'« œuvres » (*opera*) importée d'Italie : les trois à la fois.

CETTE VOLONTÉ ROYALE d'influencer l'art de son temps n'est pas qu'une question de goût. Louis XIV, mécène des arts et des lettres, donne à son règne un cachet inégalé. Les œuvres glorifient le roi et ses victoires. Elles contribuent à la mythification du pouvoir absolu. Les tragédies, qui présentent sur scène des héros antiques partagés entre leurs affections et les charges de la royauté, cherchent à imposer un modèle artistique et politique. Le lien entre les empereurs de l'Antiquité et le roi de

L'œuvre dans son siècle

France place ce dernier sur un terrain d'égalité, loin au-dessus des querelles médiocres de quelques aristocrates ambitieux.

Langue française et tragédie

L'ÉCLAT DU RÈGNE DE LOUIS XIV vient conforter la prédominance de la langue française dans l'Europe tout entière. Jusqu'au début du XIXe siècle, les tragédies sont jouées en cette langue dans les cours et les salons privés des différents pays d'Europe. On y apprend le français, langue de la politique, de la diplomatie et de la philosophie, en prononçant les vers de Racine et de Corneille. Les comédiens s'exportent : des troupes francophones jouent les grands auteurs classiques à Stockholm, Saint-Pétersbourg, Berlin, Amsterdam, Rio de Janeiro.

PHÈDRE ET ANDROMAQUE demeurent les tragédies les plus fréquemment montées de Racine, jusqu'à aujourd'hui. Depuis une vingtaine d'années, *Andromaque* tient la première place. Jouée dans toutes sortes de lieux, par des comédiens professionnels ou amateurs, elle attire toujours les acteurs, fascinés par quelques-uns des plus beaux rôles du théâtre.

Lire l'œuvre aujourd'hui

La cruauté amoureuse, entre dissimulation et sincérité

L'expression des sentiments amoureux atteint, dans *Andromaque*, une telle perfection qu'elle séduit toujours les comédiens... et les spectateurs, qui se reconnaissent dans l'un ou l'autre de ces caractères. La sincérité, si importante au théâtre comme en amour, et son versant sombre, l'égoïsme, sont les moteurs de la tragédie.

Les personnages raciniens ont une tendance marquée à la cruauté. Elle se manifeste par des actes sanglants, bien sûr, mais surtout par des remarques perfides, ou des mots « lâchés » sans contrôle qui sont autant de poignards. Ainsi Hermione peut dire à Oreste : *Vous que j'ai plaint, enfin que je voudrais aimer,* incise d'une cruauté naïve, marque d'un esprit indifférent aux peines d'autrui. Tout entiers tournés vers l'objet de leur désir, les personnages font preuve d'un égocentrisme effrayant.

Les héros d'*Andromaque* sont écrasés par le poids de la génération précédente, celle qui a connu les éclats et les désastres de la guerre de Troie. Sans cesse comparés à leurs pères (Achille, Agamemnon, Ménélas), Pyrrhus, Oreste, Hermione cherchent désespérément à exister : *Prenons, en signalant mon bras et votre nom, / Vous, la place d'Hélène, et moi, d'Agamemnon. / De Troie en ce pays réveillons les misères. / Et qu'on parle de nous ainsi que de nos pères.* (Oreste, IV, 3)

Or ils subissent de plein fouet les conséquences des actes de leurs parents. Seul Pyrrhus a participé aux combats de la guerre de Troie (à vrai dire, aux derniers d'entre eux), et est auréolé de cette victoire. Mais il ne la revendique pas, honteux qu'il est du massacre final. Tous vivent désormais dans un monde en paix, mais les esprits sont échauffés par les échos des carnages, par les souvenirs des brasiers. Les descriptions sinistres parsèment *Andromaque* : crimes, sang qui éclabousse les autels, égorgements… Dans ce contexte, peut-on reprocher à ces jeunes gens, amoureux rendus fous par la force de leurs sentiments et par les obstacles qu'ils rencontrent, de se tourner eux aussi vers la violence ?

Il s'agit effectivement d'enfants désœuvrés, et, de plus, terriblement seuls. La brutalité de Pyrrhus est à la hauteur de sa sincérité. Oreste, mélancolique, a d'étonnants accents de lucidité, qui donnent à certaines de ses phrases un parfum de masochisme. Comme au sortir de l'adolescence, Hermione, gâtée et capricieuse, souffre dans son orgueil de la froideur de Pyrrhus – et fait subir à Oreste les tourments qu'elle endure, avec une indifférence glaçante ; de même, elle ignore Andromaque lorsque la mère troyenne implore sa pitié.

Voilà le maître mot prononcé : *Andromaque* nous plonge dans un monde sans pitié. Un monde dur, où chacun agit pour son bien propre ; un monde dans lequel l'amour n'est pas un sentiment altruiste, mais l'expression d'un égoïsme poussé à sa tension extrême. Dans ce contexte, les cœurs se ferment à toute compassion et ne retiennent que les signaux provenant de l'être aimé.

La brutalité du désir sous la perfection de l'alexandrin racinien

Que le jeune spectateur, ou lecteur, ne soit pas dérouté par cette histoire de princes et de rois de l'Antiquité : ce sont nos cœurs, nos tourments que dépeint Racine, nos mouvements égoïstes les plus sombres.

Racine ne puise pas son inspiration dans une débauche de termes savants : les mots de l'amour sont fort peu nombreux. Mais la variété des registres au sein d'une même tirade permet au comédien d'exprimer successivement des états parfois contradictoires. Le théâtre de Racine n'est pas qu'un superbe objet littéraire. L'auteur attachait beaucoup d'importance à l'incarnation, à la voix. Il est plus que probable qu'il ait écrit tel rôle pour telle comédienne ; il savait ce que les soupirs, les expressions de visage et de corps pouvaient provoquer.

La versification donne à la tragédie classique une musique spécifique, qui peut, si elle est mal interprétée, tomber dans le ronronnement. Mais tout est nécessaire chez Racine : hésitations, cris, arrêts, invectives, voire insultes… L'écriture en alexandrins contraint le poète à trouver des expressions concises, des raccourcis audacieux. Le mouvement théâtral est d'autant plus fort qu'il s'appuie sur une forme conventionnelle et rassurante. Nous serons longtemps fascinés par le contraste entre, d'une part, l'équilibre du vers et la rigueur de la construction dramatique, et, d'autre part, la monstruosité de certains personnages et la violence de leurs passions. Les magnifiques vers d'*Andromaque* n'ont pas fini de faire tourner les têtes.

Andromaque

Racine

Tragédie (1667)

Dédicace

MADAME,

Ce n'est pas sans sujet que je mets votre illustre nom à la tête de cet ouvrage. Et de quel autre nom pourrais-je éblouir les yeux de mes lecteurs, que de celui dont
5 mes spectateurs ont été si heureusement éblouis ? On savait que VOTRE ALTESSE ROYALE avait daigné prendre soin de la conduite de ma tragédie ; on savait que vous m'aviez prêté quelques-unes de vos lumières pour y ajouter de nouveaux ornements ; on savait enfin que
10 vous l'aviez honorée de quelques larmes dès la première lecture que je vous en fis. Pardonnez-moi, MADAME, si j'ose me vanter de cet heureux commencement de ma destinée. Il me console bien glorieusement de la dureté de ceux qui ne voudraient pas s'en laisser toucher. Je
15 leur permets de condamner l'*Andromaque* tant qu'ils voudront, pourvu qu'il me soit permis d'appeler de toutes les subtilités de leur esprit au cœur de VOTRE ALTESSE ROYALE.

Mais, MADAME, ce n'est pas seulement du cœur[2] que
20 vous jugez de la bonté[3] d'un ouvrage, c'est avec une intelligence qu'aucune fausse lueur ne saurait tromper. Pouvons-nous mettre sur la scène une histoire que vous ne possédiez[4] aussi bien que nous ? Pouvons-nous faire jouer une intrigue dont vous ne pénétriez tous les ressorts ? Et
25 pouvons-nous concevoir des sentiments si nobles et si délicats qui ne soient infiniment au-dessous de la noblesse et de la délicatesse de vos pensées ?

---

1. **Madame :** Henriette d'Angleterre, épouse de Philippe d'Orléans, frère de Louis XIV.
2. **Du cœur :** avec le cœur.
3. **Bonté :** qualité, excellence.
4. **Possédiez :** connaissiez.

On sait, MADAME, et VOTRE ALTESSE ROYALE a beau s'en cacher, que, dans ce haut degré de gloire où la Nature et la Fortune ont pris plaisir de vous élever, vous ne dédaignez pas cette gloire obscure que les gens de lettres s'étaient réservée. Et il semble que vous ayez voulu avoir autant d'avantage sur notre sexe, par les connaissances et la solidité de votre esprit, que vous excellez dans le vôtre par toutes les grâces qui vous environnent. La cour vous regarde comme l'arbitre de tout ce qui se fait d'agréable. Et nous qui travaillons pour plaire au public, nous n'avons plus que faire de demander aux savants si nous travaillons selon les règles. La règle souveraine est de plaire à VOTRE ALTESSE ROYALE.

Voilà sans doute la moindre de vos excellentes qualités. Mais, MADAME, c'est la seule dont j'ai pu parler avec quelque connaissance ; les autres sont trop élevées au-dessus de moi. Je n'en puis parler sans les rabaisser par la faiblesse de mes pensées, et sans sortir de la profonde vénération avec laquelle je suis,

MADAME, DE VOTRE ALTESSE ROYALE,
Le très humble, très obéissant,
Et très fidèle serviteur,

RACINE.

Première préface
de Racine (1668)

Virgile, au troisième livre de *L'Énéide*[1]
(c'est Énée qui parle).

> LITTORAQUE *Epiri legimus, portuque subimus*
> *Chaonio, et celsam Buthroti ascendimus urbem...*
> *Solemnes tum forte dapes et tristia dona...*
> *Libabat cineri Andromache, Manesque vocabat*
> 5 *Hectoreum ad tumulum, viridi quem cespite inanem,*
> *Et geminas, causam lacrimis, sacraverat aras...*
> *Dejecit vultum, et demissa voce locuta est :*
> « *O felix una ante alias Priameia virgo,*
> *Hostilem ad tumulum, Trojae sub moenibus altis,*
> 10 *Jussa mori, quae sortitus non pertulit ullos,*
> *Nec victoris heri tetigit captiva cubile !*
> *Nos, patria incensa, diversa per aequora vectae,*
> *Stirpis Achilleae fastus, juvenemque superbum,*
> *Servitio enixae, tulimus, qui deinde secutus*
> 15 *Ledaeam Hermionem, Lacedaemoniosque hymenaeos...*
> *Ast illum, ereptae magno inflammatus amore*
> *Conjugis, et scelerum Furiis agitatus, Orestes*
> *Excipit incautum, patriasque obtruncat ad aras.*

Voilà, en peu de vers, tout le sujet de cette tragédie.
20 Voilà le lieu de la scène, l'action qui s'y passe, les quatre
principaux acteurs[2], et même leurs caractères, excepté
celui d'Hermione, dont la jalousie et les emportements
sont assez marqués dans l'*Andromaque* d'Euripide[3].

---

1. **L'Énéide :** épopée du poète latin Virgile (70-19 av. J.-C.) qui conte les
   aventures du Troyen Énée après la chute de Troie. Voir la traduction
   de ce passage p. 30.
2. **Acteurs :** personnages.
3. **Euripide :** poète tragique grec (480-406 av. J.-C.).

Mais véritablement mes personnages sont si fameux dans l'Antiquité que, pour peu qu'on la connaisse, on verra 25 fort bien que je les ai rendus tels que les anciens poètes nous les ont donnés. Aussi n'ai-je pas pensé qu'il me fût permis de rien changer à leurs mœurs. Toute la liberté que j'ai prise, ç'a été d'adoucir un peu la férocité de Pyrrhus, que Sénèque[1], dans sa *Troade*, et Virgile, dans le second 30 livre de *L'Énéide*, ont poussée beaucoup plus loin que je n'ai cru devoir le faire.

Encore s'est-il trouvé des gens qui se sont plaints qu'il s'emportât contre Andromaque, et qu'il voulût épouser une captive à quelque prix que ce fût. J'avoue qu'il n'est 35 pas assez résigné à la volonté de sa maîtresse, et que Céladon[2] a mieux connu que lui le parfait amour. Mais que faire ? Pyrrhus n'avait pas lu nos romans. Il était violent de son naturel, et tous les héros ne sont pas faits pour être des Céladons. 40

Quoi qu'il en soit, le public m'a été trop favorable pour m'embarrasser du chagrin particulier de deux ou trois personnes qui voudraient qu'on réformât tous les héros de l'Antiquité pour en faire des héros parfaits. Je trouve leur intention fort bonne de vouloir qu'on ne mette sur scène 45 que des hommes impeccables mais je les prie de se souvenir que ce n'est pas à moi de changer les règles du théâtre. Horace[3] nous recommande de peindre Achille farouche, inexorable, violent, tel qu'il était, et tel qu'on dépeint son fils. Aristote[4], bien éloigné de nous demander des héros 50 parfaits, veut au contraire que les personnages tragiques, c'est-à-dire ceux dont le malheur fait la catastrophe de la

---

1. **Sénèque :** philosophe et auteur dramatique latin (v. 4 av. J.-C. – 65 apr. J.-C.).
2. **Céladon :** allusion ironique de Racine. Céladon incarne l'amoureux parfait dans le roman *L'Astrée* (1607–1628) d'Honoré d'Urfé.
3. **Horace :** poète latin (65-8 av. J.-C.) auteur d'un *Art poétique* qui fit autorité en termes de construction d'œuvres théâtrales.
4. **Aristote :** philosophe grec (384-322 av. J.-C.).

tragédie, ne soient ni tout à fait bons, ni tout à fait méchants. Il ne veut pas qu'ils soient extrêmement bons,
55 parce que la punition d'un homme de bien exciterait plus l'indignation que la pitié du spectateur ; ni qu'ils soient méchants avec excès, parce qu'on n'a point pitié d'un scélérat. Il faut donc qu'ils aient une bonté médiocre, c'est-à-dire une vertu capable de faiblesse, et qu'ils tombent
60 dans le malheur par quelque faute qui les fasse plaindre sans les faire détester.

Seconde préface de Racine (1676)

Virgile, au troisième livre de *L'Énéide* (c'est Énée qui parle).

LITTORAQUE *Epiri legimus, portuque subimus*
Chaonio, et celsam Buthroti ascendimus urbem...
Solemnes tum forte dapes et tristia dona...
Libabat cineri Andromache, Manesque vocabat
5 *Hectoreum ad tumulum, viridi quem cespite inanem,*
Et geminas, causam lacrimis, sacraverat aras...
Dejecit vultum, et demissa voce locuta est :
« O felix una ante alias Priameia virgo,
Hostilem ad tumulum, Trojae sub moenibus altis,
10 *Jussa mori, quae sortitus non pertulit ullos,*
Nec victoris heri tetigit captiva cubile !
Nos, patria incensa, diversa per aequora vectae,
Stirpis Achilleae fastus, juvenemque superbum,
Servitio enixae, tulimus, qui deinde secutus
15 *Ledaeam Hermionem, Lacedaemoniosque hymenaeos...*
Ast illum, ereptae magno inflammatus amore
Conjugis, et scelerum Furiis agitatus, Orestes
Excipit incautum, patriasque obtruncat ad aras.

VOILÀ, en peu de vers, tout le sujet de cette tragédie. Voilà
le lieu de la scène, l'action qui s'y passe, les quatre prin- 20
cipaux acteurs, et même leurs caractères, excepté celui
d'Hermione, dont la jalousie et les emportements sont
assez marqués dans l'*Andromaque* d'Euripide.

C'est presque la seule chose que j'emprunte ici de cet
auteur. Car, quoique ma tragédie porte le même nom que 25
la sienne, le sujet en est cependant très différent. Andromaque, dans Euripide, craint pour la vie de Molossus, qui
est un fils qu'elle a eu de Pyrrhus et qu'Hermione veut
faire mourir avec sa mère. Mais ici il ne s'agit point de
Molossus : Andromaque ne connaît point d'autre mari 30
qu'Hector, d'autre fils qu'Astyanax. J'ai cru en cela me
conformer à l'idée que nous avons maintenant de cette
princesse. La plupart de ceux qui ont entendu parler
d'Andromaque ne la connaissaient guère que pour la
veuve d'Hector et pour la mère d'Astyanax. On ne croit 35
point qu'elle doive aimer ni un autre mari, ni un autre fils ;
et je doute que les larmes d'Andromaque eussent fait sur
l'esprit de mes spectateurs l'impression qu'elles y ont faite,
si elles avaient coulé pour un autre fils que celui qu'elle
avait d'Hector. 40

Il est vrai que j'ai été obligé de faire vivre Astyanax un
peu plus qu'il n'a vécu ; mais j'écris dans un pays où cette
liberté ne pouvait pas être mal reçue. Car, sans parler de
Ronsard, qui a choisi ce même Astyanax pour le héros de sa
Franciade, qui ne sait que l'on fait descendre nos anciens 45
rois de ce fils d'Hector, et que nos vieilles chroniques sauvent
la vie à ce jeune prince, après la désolation de son pays, pour
en faire le fondateur de notre monarchie ?

Combien Euripide a-t-il été plus hardi dans sa tragédie
d'*Hélène* ! Il y choque ouvertement la créance commune 50
de toute la Grèce : il suppose qu'Hélène n'a jamais mis le
pied dans Troie, et qu'après l'embrasement de cette ville,
Ménélas trouve sa femme en Égypte, d'où elle n'était point
partie ; tout cela fondé sur une opinion qui n'était reçue
que parmi les Égyptiens, comme on peut le voir dans 55
Hérodote.

Je ne crois pas que j'eusse besoin de cet exemple d'Euripide pour justifier le peu de liberté que j'ai prise. Car il y a bien de la différence entre détruire le principal fonde-
60 ment d'une fable et en altérer quelques incidents, qui changent presque de face dans toutes les mains qui les traitent. Ainsi Achille, selon la plupart des poètes, ne peut être blessé qu'au talon, quoique Homère le fasse blesser au bras, et ne le croie invulnérable en aucune partie de son
65 corps. Ainsi Sophocle[1] fait mourir Jocaste[2] aussitôt après la reconnaissance d'Œdipe ; tout au contraire d'Euripide qui la fait vivre jusqu'au combat et à la mort de ses deux fils. Et c'est à propos de quelques contrariétés de cette nature qu'un ancien commentateur[3] de Sophocle remarque fort
70 bien « qu'il ne faut point s'amuser à chicaner les poètes pour quelques changements qu'ils ont pu faire dans la fable ; mais qu'il faut s'attacher à considérer l'excellent usage qu'ils ont fait de ces changements et la manière ingénieuse dont ils ont su accommoder la fable à leur sujet ».

---

1. **Sophocle :** poète tragique grec (v. 495–406 av. J.-C.).
2. **Jocaste :** mère d'Œdipe, que ce dernier épouse sans savoir qu'elle est sa mère.
3. **Ancien commentateur :** Camerarius (1500-1574), annotateur d'une édition du théâtre de Sophocle sur laquelle Racine avait travaillé.

Extrait de *L'Énéide* : traduction

Nous longeons les côtes d'Épire, nous entrons dans le port de la Chaonie et montons à la ville haute de Buthrote (...). C'était justement un jour de cérémonie solennelle, d'offrande aux morts (...). Andromaque pour leurs cendres versait la libation, elle invoquait les Mânes[1] d'Hector près   5
de son tombeau vide, couvert d'un gazon vert, et des deux autels consacrés où elle versait ses larmes. (...) Elle baissa les yeux et répondit à voix basse : « Ô heureuse entre toutes, la fille de Priam qui reçut l'ordre de mourir sur le tombeau d'un ennemi, au pied des hautes murailles   10
de Troie ! Elle n'eut à subir aucun partage par le sort, elle n'entra point, captive, dans le lit du vainqueur, son maître ! Nous, après l'embrasement de notre patrie, transportée sur des mers lointaines, nous avons enduré l'orgueil du rejeton d'Achille, sa jeunesse insolente. Nous avons enfanté   15
dans la servitude. Puis il a suivi la petite-fille de Léda, Hermione, dans des noces lacédémoniennes[2]. (...) Alors Oreste, enflammé d'un grand amour pour sa fiancée qui lui était ravie, et poursuivi par les Furies[3], vengeresses des crimes, Oreste surprend Pyrrhus à l'improviste et l'égorge   20
sur les autels de son père. »

(*L'Énéide*, livre III.)
Traduction : Élio Suhamy.

---

1. **Mânes :** âmes des morts, dans la religion romaine.
2. **Lacédémoniennes :** de Sparte (Ménélas, père d'Hermione, est roi de Sparte).
3. **Les Furies :** Oreste est poursuivi par ces divinités vengeresses pour avoir tué sa mère Clytemnestre, elle-même meurtrière de son époux Agamemnon.

PERSONNAGES

ANDROMAQUE   *veuve d'Hector[1], captive de Pyrrhus.*

PYRRHUS   *fils d'Achille[2], roi d'Épire.*

ORESTE   *fils d'Agamemnon[3].*

HERMIONE   *fille d'Hélène[4], accordée[5] avec Pyrrhus.*

PYLADE   *ami d'Oreste.*

CLÉONE   *confidente d'Hermione.*

CLÉOPHISE   *confidente d'Andromaque.*

PHŒNIX   *gouverneur d'Achille puis de Pyrrhus.*

Suite d'ORESTE.

La scène est à Buthrote, ville d'Épire[6], dans une salle du palais de Pyrrhus.

---

1. **Hector :** héros troyen, fils de Priam ; tué pendant la guerre de Troie par le Grec Achille.
2. **Achille :** demi-dieu grec, héros de *L'Iliade* (récit de la guerre de Troie).
3. **Agamemnon :** roi d'Argos et de Mycènes, chef du camp grec lors de la guerre de Troie.
4. **Hélène :** épouse de Ménélas, frère d'Agamemnon. Son enlèvement par le Troyen Pâris provoque la guerre entre Grecs et Troyens. Hermione est doublement la cousine germaine d'Oreste : leurs pères sont frères, leurs mères sont soit sœurs jumelles, soit demi-sœurs selon les légendes.
5. **Accordée avec :** promise comme épouse à.
6. **Épire :** royaume situé sur le territoire de l'actuelle Albanie.

ACTE I

Scène 1 Oreste, Pylade

ORESTE

Oui, puisque je retrouve un ami si fidèle,
Ma fortune[1] va prendre une face nouvelle ;
Et déjà son courroux semble s'être adouci,
Depuis qu'elle a pris soin de nous rejoindre[2] ici.
Qui l'eût dit, qu'un rivage à mes vœux si funeste   5
Présenterait d'abord[3] Pylade aux yeux d'Oreste ?
Qu'après plus de six mois que je t'avais perdu,
À la cour de Pyrrhus tu me serais rendu ?

PYLADE

J'en rends grâces au ciel qui, m'arrêtant sans cesse,
Semblait m'avoir fermé le chemin de la Grèce,   10
Depuis le jour fatal que[4] la fureur des eaux
Presque aux yeux de l'Épire écarta[5] nos vaisseaux.
Combien, dans cet exil, ai-je souffert d'alarmes !
Combien à vos malheurs ai-je donné de larmes,
Craignant toujours pour vous quelque nouveau danger   15
Que ma triste amitié ne pouvait partager !
Surtout je redoutais cette mélancolie[6]
Où j'ai vu si longtemps votre âme ensevelie.
Je craignais que le ciel, par un cruel secours,
Ne vous offrît la mort que vous cherchiez toujours.   20
Mais je vous vois, Seigneur ; et si j'ose le dire,
Un destin plus heureux vous conduit en Épire :

---

1. **Fortune :** sort, destin.
2. **Rejoindre :** réunir.
3. **D'abord :** tout de suite.
4. **Que :** où.
5. **Écarta :** sépara.
6. **Mélancolie :** tristesse profonde. Le sens est beaucoup plus fort qu'aujourd'hui. La mélancolie était considérée comme l'origine des maladies hypocondriaques.

Le pompeux appareil[1] qui suit ici vos pas
N'est point d'un malheureux qui cherche le trépas[2].

ORESTE

25 Hélas ! qui peut savoir le destin qui m'amène ?
L'amour me fait ici chercher une inhumaine.
Mais qui sait ce qu'il[3] doit ordonner de mon sort,
Et si je viens chercher ou la vie ou la mort ?

PYLADE

Quoi ? Votre âme à l'amour en esclave asservie
30 Se repose sur lui du soin de votre vie ?
Par quel charme[4], oubliant tant de tourments soufferts,
Pouvez-vous consentir à rentrer dans ses fers[5] ?
Pensez-vous qu'Hermione, à Sparte inexorable,
Vous prépare en Épire un sort plus favorable ?
35 Honteux d'avoir poussé tant de vœux superflus,
Vous l'abhorriez[6] ; enfin, vous ne m'en parliez plus.
Vous me trompiez, Seigneur.

ORESTE

                      Je me trompais moi-même !
Ami, n'accable point un malheureux qui t'aime.
T'ai-je jamais caché mon cœur et mes désirs ?
40 Tu vis naître ma flamme et mes premiers soupirs.
Enfin, quand Ménélas disposa de sa fille
En faveur de Pyrrhus, vengeur de sa famille,
Tu vis mon désespoir ; et tu m'as vu depuis
Traîner de mers en mers ma chaîne et mes ennuis[7].
45 Je te vis à regret, en cet état funeste,
Prêt à suivre partout le déplorable[8] Oreste,

---

1. **Appareil** : cortège d'apparat lié à la fonction d'ambassadeur.
2. **Trépas** : mort.
3. **Il** : le destin (et non l'amour).
4. **Charme** : sortilège.
5. **Fers** : chaînes amoureuses.
6. **Abhorriez** : détestiez.
7. **Ennuis** : chagrins violents (sens fort).
8. **Déplorable** : pitoyable.

Toujours de ma fureur[1] interrompre le cours,
Et de moi-même enfin me sauver tous les jours.
Mais quand je me souvins que, parmi tant d'alarmes,
Hermione à Pyrrhus prodiguait tous ses charmes,   50
Tu sais de quel courroux mon cœur alors épris[2]
Voulut en l'oubliant punir tous ses mépris.
Je fis croire et je crus ma victoire certaine ;
Je pris tous mes transports pour des transports de haine.
Détestant ses rigueurs, rabaissant ses attraits,   55
Je défiais ses yeux de me troubler jamais.
Voilà comme[3] je crus étouffer ma tendresse.
En ce calme trompeur j'arrivai dans la Grèce,
Et je trouvai d'abord ses princes rassemblés,
Qu'un péril assez grand semblait avoir troublés.   60
J'y courus. Je pensais que la guerre et la gloire[4]
De soins[5] plus importants rempliraient ma mémoire ;
Que, mes sens reprenant leur première vigueur,
L'amour achèverait de sortir de mon cœur.
Mais admire avec moi le sort dont la poursuite[6]   65
Me fait courir alors au piège que j'évite.
J'entends de tous côtés qu'on menace Pyrrhus ;
Toute la Grèce éclate en murmures confus ;
On se plaint qu'oubliant son sang et sa promesse
Il élève en sa cour l'ennemi de la Grèce,   70
Astyanax, d'Hector jeune et malheureux fils,
Reste de tant de rois sous Troie ensevelis.
J'apprends que pour ravir son enfance au supplice
Andromaque trompa l'ingénieux Ulysse,
Tandis qu'un autre enfant, arraché de ses bras,   75
Sous le nom de son fils fut conduit au trépas.

---

1. **Fureur :** folie sacrée.
2. **Épris :** saisi (ici : de colère).
3. **Comme :** comment.
4. **La gloire :** ici, l'honneur.
5. **Soins :** soucis.
6. **Poursuite :** ici, acharnement.

On dit que, peu sensible aux charmes d'Hermione,
Mon rival porte ailleurs son cœur et sa couronne.
Ménélas, sans le croire, en paraît affligé
80 Et se plaint d'un hymen[1] si longtemps négligé.
Parmi les déplaisirs où son âme se noie,
Il s'élève en la mienne une secrète joie :
Je triomphe ; et pourtant je me flatte[2] d'abord
Que la seule vengeance excite ce transport.
85 Mais l'ingrate en mon cœur reprit bientôt sa place.
De mes feux mal éteints je reconnus la trace ;
Je sentis que ma haine allait finir son cours,
Ou plutôt je sentis que je l'aimais toujours.
Ainsi de tous les Grecs je brigue le suffrage[3].
90 On m'envoie à Pyrrhus, j'entreprends ce voyage.
Je viens voir si l'on peut arracher de ses bras
Cet enfant dont la vie alarme tant d'États.
Heureux si je pouvais, dans l'ardeur qui me presse,
Au lieu d'Astyanax lui ravir ma princesse !
95 Car enfin n'attends pas que mes feux redoublés
Des périls les plus grands puissent être troublés.
Puisque après tant d'efforts ma résistance est vaine,
Je me livre en aveugle au destin qui m'entraîne.
J'aime ; je viens chercher Hermione en ces lieux,
100 La fléchir, l'enlever, ou mourir à ses yeux.
Toi qui connais Pyrrhus, que penses-tu qu'il fasse ?
Dans sa cour, dans son cœur, dis-moi ce qui se passe.
Mon Hermione encor le tient-elle asservi ?
Me rendra-t-il, Pylade, un bien qu'il m'a ravi ?

PYLADE

105 Je vous abuserais[4], si j'osais vous promettre
Qu'entre vos mains, Seigneur, il voulût la remettre.

---

1. **Hymen :** mariage.
2. **Je me flatte :** je tente de me faire croire.
3. **Je brigue le suffrage :** je sollicite le poste d'ambassadeur.
4. **Abuserais :** tromperais.

Non que de sa conquête il paraisse flatté ;
Pour la veuve d'Hector ses feux ont éclaté ;
Il l'aime. Mais enfin cette veuve inhumaine
N'a payé jusqu'ici son amour que de haine ;   110
Et chaque jour encor on lui voit tout tenter
Pour fléchir sa captive, ou pour l'épouvanter.
De son fils, qu'il lui cache, il menace la tête,
Et fait couler des pleurs, qu'aussitôt il arrête.
Hermione elle-même a vu plus de cent fois   115
Cet amant irrité revenir sous ses lois,
Et de ses vœux troublés lui rapportant l'hommage,
Soupirer à ses pieds moins d'amour que de rage.
Ainsi n'attendez pas que l'on puisse aujourd'hui
Vous répondre d'un cœur si peu maître de lui :   120
Il peut, Seigneur, il peut, dans ce désordre extrême,
Épouser ce qu'il hait et punir ce qu'il aime.

ORESTE

Mais dis-moi de quel œil Hermione peut voir
Son hymen différé, ses charmes sans pouvoir ?

PYLADE

Hermione, Seigneur, au moins en apparence,   125
Semble de son amant dédaigner l'inconstance,
Et croit que, trop heureux de fléchir sa rigueur
Il la viendra presser de reprendre son cœur.
Mais je l'ai vue enfin me confier ses larmes :
Elle pleure en secret le mépris de ses charmes.   130
Toujours prête à partir, et demeurant toujours,
Quelquefois elle appelle Oreste à son secours.

ORESTE

Ah ! si je le croyais, j'irais bientôt, Pylade,
Me jeter...

PYLADE

      Achevez, Seigneur, votre ambassade.
Vous attendez le roi : parlez, et lui montrez   135
Contre le fils d'Hector tous les Grecs conjurés.

Loin de leur accorder ce fils de sa maîtresse[1],
Leur haine ne fera qu'irriter sa tendresse.
Plus on les veut brouiller, plus on va les unir.
140 Pressez, demandez tout, pour ne rien obtenir.
Il vient.

ORESTE.

Eh bien ! va donc disposer la cruelle
À revoir un amant qui ne vient que pour elle.

---

1. **Maîtresse** : celle qu'il aime, sans être nécessairement aimé.

Clefs d'analyse

Acte I, scène 1.

Compréhension

Les informations

- Situer l'époque de l'action. Préciser comment Racine égrène les informations relatives à la guerre de Troie.
- Relever dans le texte les informations sur les liens entre les différents personnages.
- Expliquer en quoi consiste la mission d'Oreste.
- Déterminer la signification du terme « mélancolie » dans la tirade de Pylade (vers 17). Expliquer pourquoi Pylade redoute la mélancolie d'Oreste.
- Expliquer le conseil que Pylade donne à Oreste.

Registres

- Analyser l'alternance de l'espoir et du désespoir chez Oreste.
- Étudier les termes précieux dans la tirade d'Oreste (vers 37-56).

Réflexion

Dramaturgie

- La scène débute par une conversation en cours. Analyser l'effet produit par ce procédé.

À retenir :

La première scène de toute pièce classique expose, en termes clairs, les personnages principaux et les enjeux de l'œuvre. Elle donne aussi le ton général : tragédie héroïque, amoureuse, politique... ou comédie d'aventure, d'intrigue, de caractères. Les thèmes principaux sont présentés : conflit entre amour et devoir, vengeance, querelles politiques ou de succession, etc. L'auteur fait preuve de son habileté en présentant tous ces éléments de façon naturelle et progressive. Dans Andromaque, *la scène d'exposition est à la fois l'annonce d'une action imminente (l'ambassade d'Oreste) et une présentation de caractères : Pylade décrit les principaux personnages absents.*

Scène 2 <small>PYRRHUS, ORESTE, PHŒNIX</small>

ORESTE

Avant que tous les Grecs vous parlent par ma voix,
Souffrez que j'ose ici me flatter[1] de leur choix,
145 Et qu'à vos yeux, Seigneur, je montre quelque joie
De voir le fils d'Achille et le vainqueur de Troie.
Oui, comme ses exploits nous admirons vos coups[2].
Hector tomba sous lui, Troie expira sous vous ;
Et vous avez montré, par une heureuse[3] audace,
150 Que le fils seul[4] d'Achille a pu remplir sa place.
Mais, ce qu'il n'eût point fait[5], la Grèce avec douleur
Vous voit du sang troyen relever le malheur[6],
Et, vous laissant toucher d'une pitié funeste,
D'une guerre si longue entretenir le reste.
155 Ne vous souvient-il plus, Seigneur, quel fut Hector ?
Nos peuples affaiblis s'en souviennent encor.
Son nom seul fait frémir nos veuves et nos filles,
Et dans toute la Grèce il n'est point de familles
Qui ne demandent compte à ce malheureux fils
160 D'un père ou d'un époux qu'Hector leur a ravis.
Et qui sait ce qu'un jour ce fils peut entreprendre ?
Peut-être dans nos ports nous le verrons descendre,
Tel qu'on a vu son père, embraser nos vaisseaux
Et, la flamme à la main, les suivre sur les eaux[7].
165 Oserai-je, Seigneur, dire ce que je pense ?

---

1. **Me flatter :** me réjouir.
2. **Coups :** actions glorieuses.
3. **Heureuse :** suivie de succès.
4. **Le fils seul :** seul le fils.
5. **Ce qu'il n'eût point fait :** il n'aurait pas agi ainsi.
6. **Relever le malheur :** redonner de l'espoir.
7. Allusion à un exploit d'Hector, sorti des murs de Troie pour incendier les vaisseaux grecs.

Vous-même de vos soins craignez la récompense[1],
Et que dans votre sein ce serpent élevé
Ne vous punisse un jour de l'avoir conservé[2].
Enfin de tous les Grecs satisfaites l'envie,
Assurez leur vengeance, assurez votre vie ;   170
Perdez un ennemi d'autant plus dangereux
Qu'il s'essaiera sur vous à combattre contre eux.

PYRRHUS

La Grèce en ma faveur est trop inquiétée.
De soins plus importants je l'ai crue agitée,
Seigneur ; et, sur le nom de son ambassadeur,   175
J'avais dans ses projets conçu plus de grandeur.
Qui croirait en effet qu'une telle entreprise
Du fils d'Agamemnon méritât l'entremise ;
Qu'un peuple tout entier, tant de fois triomphant,
N'eût daigné conspirer que la mort d'un enfant ?   180
Mais à qui prétend-on que je le sacrifie ?
La Grèce a-t-elle encor quelque droit sur sa vie ?
Et seul de tous les Grecs ne m'est-il pas permis
D'ordonner[3] d'un captif que le sort m'a soumis ?
Oui, Seigneur, lorsqu'au pied des murs fumants de Troie   185
Les vainqueurs tout sanglants partagèrent leur proie,
Le sort, dont les arrêts[4] furent alors suivis,
Fit tomber en mes mains Andromaque et son fils.
Hécube[5] près d'Ulysse acheva sa misère ;
Cassandre[6] dans Argos a suivi votre père :   190
Sur eux, sur leurs captifs, ai-je étendu mes droits ?

---

1. **Récompense** : conséquence. Le terme peut être positif ou négatif.
2. **Conservé** : sauvé, maintenu en vie.
3. **D'ordonner** : de décider du sort.
4. **Arrêts** : décisions. Les prisonniers de la guerre de Troie avaient été partagés par tirage au sort.
5. **Hécube** : veuve de Priam, roi de Troie.
6. **Cassandre** : fille de Priam et d'Hécube. Elle avait le don de prophétie. Apollon la poursuivit de ses assiduités ; elle se refusa au dieu qui, pour se venger, décréta qu'elle ne serait jamais prise au sérieux.

Ai-je enfin disposé du fruit de leurs exploits ?
On craint qu'avec Hector Troie un jour ne renaisse ;
Son fils peut me ravir le jour que je lui laisse.
195 Seigneur, tant de prudence entraîne trop de soin ;
Je ne sais point prévoir les malheurs de si loin.
Je songe quelle était autrefois cette ville,
Si superbe[1] en remparts, en héros si fertile,
Maîtresse de l'Asie ; et je regarde enfin
200 Quel fut le sort de Troie et quel est son destin.
Je ne vois que des tours que la cendre a couvertes,
Un fleuve teint de sang, des campagnes désertes,
Un enfant dans les fers[2] ; et je ne puis songer
Que Troie en cet état aspire à se venger.
205 Ah ! si du fils d'Hector la perte était jurée,
Pourquoi d'un an entier l'avons-nous différée ?
Dans le sein de Priam[3] n'a-t-on pu l'immoler ?
Sous tant de morts, sous Troie il fallait l'accabler[4].
Tout était juste alors : la vieillesse et l'enfance
210 En vain sur leur faiblesse appuyaient leur défense[5] ;
La victoire et la nuit, plus cruelles que nous,
Nous excitaient au meurtre et confondaient nos coups.
Mon courroux aux vaincus ne fut que trop sévère.
Mais que ma cruauté survive à ma colère ?
215 Que, malgré la pitié dont je me sens saisir,
Dans le sang d'un enfant je me baigne à loisir ?
Non, Seigneur. Que les Grecs cherchent quelque autre proie ;
Qu'ils poursuivent ailleurs ce qui reste de Troie.
De mes inimitiés le cours est achevé[6] ;
220 L'Épire sauvera ce que Troie a sauvé.

---

1. **Superbe :** orgueilleuse.
2. **Dans les fers :** prisonnier.
3. **Priam :** le vieux roi troyen a été égorgé par Pyrrhus lui-même.
4. **Accabler :** écraser.
5. **Sur leur faiblesse appuyaient leur défense :** prenaient prétexte de leur faiblesse pour demander pitié.
6. **De mes inimitiés [...] achevé :** je n'éprouve plus de haine pour mes anciens ennemis.

ORESTE

Seigneur, vous savez trop avec quel artifice[1]
Un faux Astyanax fut offert au supplice
Où le seul fils d'Hector devait être conduit.
Ce n'est pas les Troyens, c'est Hector qu'on poursuit.
Oui, les Grecs sur le fils persécutent le père ;   225
Il a par trop de sang acheté[2] leur colère.
Ce n'est que dans le sien qu'elle peut expirer
Et jusque dans l'Épire il les peut attirer.
Prévenez-les[3].

PYRRHUS

                Non, non. J'y consens avec joie !
Qu'ils cherchent dans l'Épire une seconde Troie ;   230
Qu'ils confondent leur haine, et ne distinguent plus
Le sang qui les fit vaincre et celui des vaincus.
Aussi bien ce n'est pas la première injustice
Dont la Grèce d'Achille a payé le service[4].
Hector en profita[5], Seigneur ; et quelque jour   235
Son fils en pourrait bien profiter à son tour.

ORESTE

Ainsi la Grèce en vous trouve un enfant rebelle ?

PYRRHUS

Et je n'ai donc vaincu que pour dépendre d'elle ?

ORESTE

Hermione, Seigneur, arrêtera vos coups :
Ses yeux s'opposeront entre son père et vous.   240

---

1. **Artifice :** ruse. Selon une tradition, un enfant de substitution aurait subi le sort destiné à Astyanax.
2. **Acheté :** mérité.
3. **Prévenez-les :** devancez-les, prenez vos dispositions (pour que les Grecs ne viennent pas chercher eux-mêmes l'enfant, quitte à entrer en guerre contre Pyrrhus).
4. **Service :** allusion à un épisode fameux de la guerre de Troie, le refus d'Agamemnon de remettre à Achille une esclave qu'il réclamait, provoquant une longue retraite du héros.
5. **Hector en profita :** pendant qu'Achille refusait de combattre, Hector remporta plusieurs victoires sur les Grecs.

PYRRHUS

Hermione, Seigneur, peut m'être toujours chère,
Je puis l'aimer, sans être esclave de son père ;
Et je saurai peut-être accorder quelque jour
Les soins de ma grandeur et ceux de mon amour.
245 Vous pouvez cependant voir la fille d'Hélène :
Du sang qui vous unit je sais l'étroite chaîne.
Après cela, Seigneur, je ne vous retiens plus,
Et vous pourrez aux Grecs annoncer mon refus.

Scène 3 PYRRHUS, PHŒNIX

PHŒNIX

Ainsi vous l'envoyez aux pieds de sa maîtresse [1] ?

PYRRHUS

250 On dit qu'il a longtemps brûlé [2] pour la princesse.

PHŒNIX

Mais si ce feu, Seigneur, vient à se rallumer ?
S'il lui rendait son cœur, s'il s'en faisait aimer ?

PYRRHUS

Ah ! qu'ils s'aiment, Phœnix, j'y consens. Qu'elle parte.
Que, charmés l'un de l'autre [3], ils retournent à Sparte !
255 Tous nos ports sont ouverts et pour elle et pour lui.
Qu'elle m'épargnerait de contrainte et d'ennui [4] !

PHŒNIX

Seigneur...

PYRRHUS

Une autre fois je t'ouvrirai mon âme :
Andromaque paraît.

---

1. **Maîtresse :** personne aimée (ce qui n'implique pas que cet amour soit réciproque).
2. **Brûlé :** éprouvé un amour violent.
3. **Charmés l'un de l'autre :** attirés l'un par l'autre.
4. **Ennui :** gêne importante (sens fort).

Scène 4 PYRRHUS, ANDROMAQUE, CÉPHISE

PYRRHUS

Me cherchiez-vous, Madame ?
Un espoir si charmant me serait-il permis ?

ANDROMAQUE

Je passais jusqu'aux lieux où l'on garde mon fils.   260
Puisqu'une fois le jour vous souffrez[1] que je voie
Le seul bien qui me reste et d'Hector et de Troie,
J'allais, Seigneur, pleurer un moment avec lui :
Je ne l'ai point encore embrassé d'aujourd'hui.

PYRRHUS

Ah, Madame ! les Grecs, si j'en crois leurs alarmes,   265
Vous donneront bientôt d'autres sujets de larmes.

ANDROMAQUE

Et quelle est cette peur dont leur cœur est frappé,
Seigneur ? Quelque Troyen vous est-il échappé ?

PYRRHUS

Leur haine pour Hector n'est pas encore éteinte :
Ils redoutent son fils.   270

ANDROMAQUE

Digne objet de leur crainte !
Un enfant malheureux, qui ne sait pas encor
Que Pyrrhus est son maître, et qu'il est fils d'Hector.

PYRRHUS

Tel qu'il est, tous les Grecs demandent qu'il périsse.
Le fils d'Agamemnon vient hâter son supplice.

ANDROMAQUE

Et vous prononcerez un arrêt si cruel ?   275
Est-ce mon intérêt qui le rend criminel ?

---

1. **Souffrez :** acceptez.

Hélas ! on ne craint point qu'il venge un jour son père ;
On craint qu'il n'essuyât les larmes de sa mère.
Il m'aurait tenu lieu d'un père et d'un époux ;
280 Mais il me faut tout perdre, et toujours par vos coups.

PYRRHUS

Madame, mes refus ont prévenu [1] vos larmes.
Tous les Grecs m'ont déjà menacé de leurs armes ;
Mais, dussent-ils encore, en repassant les eaux,
Demander votre fils avec mille vaisseaux,
285 Coûtât-il tout le sang qu'Hélène a fait répandre,
Dussé-je après dix ans voir mon palais en cendre,
Je ne balance point, je vole à son secours.
Je défendrai sa vie aux dépens de mes jours.
Mais, parmi ces périls où je cours pour vous plaire,
290 Me refuserez-vous un regard moins sévère ?
Haï de tous les Grecs, pressé de tous côtés,
Me faudra-t-il combattre encor vos cruautés ?
Je vous offre mon bras. Puis-je espérer encore
Que vous accepterez un cœur qui vous adore ?
295 En combattant pour vous, me sera-t-il permis
De ne vous point compter parmi mes ennemis ?

ANDROMAQUE

Seigneur, que faites-vous, et que dira la Grèce ?
Faut-il qu'un si grand cœur montre tant de faiblesse ?
Voulez-vous qu'un dessein si beau, si généreux,
300 Passe pour le transport d'un esprit amoureux ?
Captive, toujours triste, importune à moi-même
Pouvez-vous souhaiter qu'Andromaque vous aime ?
Quels charmes ont pour vous des yeux infortunés
Qu'à des pleurs éternels vous avez condamnés ?
305 Non, non, d'un ennemi respecter la misère,
Sauver des malheureux, rendre un fils à sa mère,
De cent peuples [2] pour lui combattre la rigueur

---

1. **Prévenu :** devancé.
2. **Cent peuples :** la Grèce est alors une confédération de petits royaumes et de cités-États.

Sans me faire payer son salut de mon cœur,
Malgré moi s'il le faut, lui donner un asile :
Seigneur, voilà des soins dignes du fils d'Achille.   310

PYRRHUS

Hé quoi ! votre courroux n'a-t-il pas eu son cours ?
Peut-on haïr sans cesse ? et punit-on toujours ?
J'ai fait des malheureux, sans doute ; et la Phrygie[1]
Cent fois de votre sang a vu ma main rougie.
Mais que vos yeux sur moi se sont bien exercés[2] !   315
Qu'ils m'ont vendu bien cher les pleurs qu'ils ont versés !
De combien de remords m'ont-ils rendu la proie !
Je souffre tous les maux que j'ai faits devant Troie :
Vaincu, chargé de fers, de regrets consumé,
Brûlé de plus de feux que je n'en allumai,   320
Tant de soins, tant de pleurs, tant d'ardeurs inquiètes...
Hélas ! fus-je jamais si cruel que vous l'êtes ?
Mais enfin, tour à tour, c'est assez nous punir ;
Nos ennemis communs devraient nous réunir.
Madame, dites-moi seulement que j'espère,   325
Je vous rends votre fils, et je lui sers de père ;
Je l'instruirai moi-même à venger les Troyens ;
J'irai punir les Grecs de vos maux et des miens.
Animé d'un regard, je puis tout entreprendre :
Votre Ilion encor peut sortir de sa cendre ;   330
Je puis, en moins de temps que les Grecs ne l'ont pris,
Dans ses murs relevés couronner votre fils.

ANDROMAQUE

Seigneur, tant de grandeurs ne nous touchent plus guère :
Je les lui promettais tant qu'a vécu son père.
Non, vous n'espérez plus de nous revoir encor,   335
Sacrés murs, que n'a pu conserver mon Hector.
À de moindres faveurs des malheureux prétendent,
Seigneur : c'est un exil que mes pleurs vous demandent.

---

1. **Phrygie :** région d'Asie Mineure.
2. **Que vos yeux [...] exercés :** que vos yeux ont agi sur moi (pour me faire souffrir).

Souffrez que, loin des Grecs, et même loin de vous,
340 J'aille cacher mon fils et pleurer mon époux.
Votre amour contre nous allume trop de haine.
Retournez, retournez à la fille d'Hélène.

PYRRHUS

Et le puis-je, Madame ? Ah ! que vous me gênez[1] !
Comment lui rendre un cœur que vous me retenez ?
345 Je sais que de mes vœux on lui promit l'empire ;
Je sais que pour régner elle vint dans l'Épire ;
Le sort vous y voulut l'une et l'autre amener :
Vous, pour porter des fers[2] ; elle, pour en donner.
Cependant ai-je pris quelque soin de lui plaire ?
350 Et ne dirait-on pas, en voyant au contraire
Vos charmes tout-puissants, et les siens dédaignés,
Qu'elle est ici captive et que vous y régnez ?
Ah ! qu'un seul des soupirs que mon cœur vous envoie,
S'il s'échappait vers elle, y porterait de joie !

ANDROMAQUE

355 Et pourquoi vos soupirs seraient-ils repoussés ?
Aurait-elle oublié vos services passés ?
Troie, Hector, contre vous révoltent-ils son âme ?
Aux cendres d'un époux doit-elle enfin sa flamme ?
Et quel époux encore ! Ah ! souvenir cruel !
360 Sa mort seule a rendu votre père immortel.
Il doit au sang d'Hector tout l'éclat de ses armes,
Et vous n'êtes tous deux connus que par mes larmes.

PYRRHUS

Hé bien, Madame, hé bien, il faut vous obéir :
Il faut vous oublier, ou plutôt vous haïr.
365 Oui, mes vœux ont trop loin poussé leur violence
Pour ne plus s'arrêter que dans l'indifférence.
Songez-y bien : il faut désormais que mon cœur,

---

1. **Gênez :** torturez (sens fort).
2. **Fers :** le mot est pris dans le même vers au sens propre (chaînes de prisonnier) et au sens figuré (chaînes amoureuses).

S'il n'aime avec transport, haïsse avec fureur.
Je n'épargnerai rien dans ma juste colère :
Le fils me répondra[1] des mépris de la mère ;   370
La Grèce le demande, et je ne prétends pas
Mettre toujours ma gloire à sauver des ingrats.

ANDROMAQUE

Hélas ! il mourra donc. Il n'a pour sa défense
Que les pleurs de sa mère et que son innocence.
Et peut-être après tout, en l'état où je suis,   375
Sa mort avancera la fin de mes ennuis.
Je prolongeais pour lui ma vie et ma misère ;
Mais enfin sur ses pas j'irai revoir son père.
Ainsi tous trois, Seigneur, par vos soins réunis,
Nous vous...   380

PYRRHUS

    Allez, Madame, allez voir votre fils.
Peut-être, en le voyant, votre amour plus timide
Ne prendra pas toujours sa colère pour guide.
Pour savoir nos destins j'irai vous retrouver.
Madame, en l'embrassant, songez à le sauver.

---

1. **Me répondra :** paiera pour.

Clefs d'analyse

Acte I, scène 4.

Compréhension

Informations

- Observer comment Oreste évoque Hermione (I, 2). Déterminer la réaction qu'il espère provoquer chez Pyrrhus.
- Expliquer le marché que Pyrrhus propose à Andromaque (I, 4).

Langage

- Analyser l'argumentation d'Oreste ambassadeur (I, 2).
- Observer comment Pyrrhus cherche à « manœuvrer » Oreste. Relever le vocabulaire politique.
- Retrouver les termes empruntés aux langages galant et guerrier (vers 311-332); analyser les transitions entre ces deux langages.
- Repérer par quels termes Andromaque impose un registre jusque-là absent : le registre pathétique.

Réflexion

Mise en scène d'une tension

- Analyser l'accélération du rythme des répliques (I, 2).

À retenir :

Un procédé dramatique très courant et très efficace consiste à placer un héros ou une héroïne face à des choix inacceptables. Cette situation s'appelle le dilemme. Toute option est soit inconciliable avec les principes fondamentaux du personnage (Andromaque ne pourrait épouser le fils du meurtrier d'Hector), soit entraîne le sacrifice d'une personne aimée (le fils d'Andromaque). Le personnage va donc tergiverser. Ses hésitations, ses retournements, ses lamentations constituent le tissu de la pièce et sa force dramatique, provoquant la pitié du spectateur. Le philosophe grec Aristote a défini la tragédie comme reposant sur la terreur et la pitié suscitées chez le spectateur par le sort du héros : peur qu'il ne succombe à quelque catastrophe, et empathie, c'est-à-dire partage de ses souffrances. Le dilemme annonce une catastrophe inévitable.

Synthèse

La réponse de Pyrrhus

Personnages

La suprématie d'Andromaque

De par sa fonction d'ambassadeur des Grecs, Oreste est en mouvement ; il se déplace tout au long de la pièce. Seul à apparaître dans tous les actes, il est aussi le plus prolixe. Forcé d'attendre les décisions des autres, Oreste refuse de jouer un rôle de témoin et réclame un bonheur dont il a été privé : Racine a commencé sa pièce avec l'unique personnage qui n'est aimé de personne.

L'entrée majestueuse de Pyrrhus et sa scène avec Andromaque (I, 4) font du roi le personnage pivot de la tragédie. Nous serons désormais suspendus à ses décisions, bien qu'il tente de les transférer sur la veuve d'Hector. Roi guerrier (son nom même évoque, en grec, le feu), il traîne avec lui les séquelles de la guerre de Troie, qu'il voudrait bien oublier, mais qu'Andromaque se charge de lui rappeler sans cesse. C'est également Pyrrhus qui impose le ton de l'œuvre : le célèbre vers 320 – *Brûlé de plus de feux que je n'en allumai* – crée un mélange osé de langage courtois et de passion brutale, mélange qui est la véritable marque de fabrique de Racine.

Andromaque apporte un ton nouveau. Son personnage de survivante lui confère une gravité qui en impose à tous, et surtout à Pyrrhus. Elle ne s'embarrasse pas de circonlocutions pour exprimer sa pensée, jusqu'à prononcer le terrible : « Hélas ! il mourra donc. » La concision des ses répliques, l'expression noble de ses sentiments la placent au-dessus des deux protagonistes précédents. Racine réussit à la présenter non comme une sainte abstraite, mais comme une mère frappée par le malheur, et désormais au-delà de la féminité et de la coquetterie. Cette hauteur d'âme lui fait mériter de donner son nom à la tragédie.

Synthèse Acte I.

Langage

Le registre tragique

Le terme même de « tragédie » se rapporte à une forme dramatique qui jette des personnages au rang élevé dans des situations inextricables, sur lesquelles ils n'ont pas prise parce que les décisions semblent venir de plus haut : fatalité, destin... Le personnage tragique ne peut que constater la vanité de ses efforts pour influer sur le cours des choses. C'est ce qu'exprime un Oreste désabusé : *Je me livre en aveugle au destin qui m'entraîne* (vers 98), phrase fort peu en accord avec son statut d'ambassadeur, mais bien adaptée au héros tragique. Nous retrouvons là le même genre de malédiction qui frappera Phèdre : l'amour qu'Oreste ressent pour Hermione n'est jamais vu comme un élément positif, mais comme une horreur, une maladie dégradante et à l'issue fatale.

Les expressions telles que « jour fatal » (v. 11), « qui peut savoir le destin qui m'amène ? » (v. 25), « qui sait ce qu'il [le destin] doit ordonner de mon sort ? » (v. 27), « ma chaîne et mes ennuis » (v. 44) renvoient à ce registre tragique, et situent dès l'ouverture *Andromaque* dans ce contexte de fatalité, annonciateur de catastrophe. Soucieux de symétrie, Racine construit la dernière scène de la pièce en rappelant, comme un leitmotiv musical, toutes ces inquiétudes : *... je te loue, ô ciel, de ta persévérance ! / Appliqué sans relâche au soin de me punir, / Au comble des douleurs tu m'as fait parvenir* (vers 1614-16).

Oreste, héritier d'une famille largement marquée par le destin, est naturellement le plus enclin à puiser dans ce registre, malgré sa lucidité quant à l'aspect plaintif et peu séduisant de ses lamentations. Hermione, avec sa brutalité coutumière, se plaindra de ses « tristes discours » et lui lancera dans l'acte II : *Quittez, Seigneur, quittez ce funeste langage...*

ACTE II

Scène 1 Hermione, Cléone

HERMIONE

Je fais ce que tu veux ; je consens qu'il me voie. 385
Je lui veux bien encore accorder cette joie.
Pylade va bientôt conduire ici ses pas ;
Mais si je m'en croyais, je ne le verrais pas.

CLÉONE

Et qu'est-ce que sa vue a pour vous de funeste ?
Madame, n'est-ce pas toujours le même Oreste 390
Dont vous avez cent fois souhaité le retour,
Et dont vous regrettiez la constance et l'amour ?

HERMIONE

C'est cet amour payé de trop d'ingratitude
Qui me rend en ces lieux sa présence si rude[1].
Quelle honte pour moi, quel triomphe pour lui, 395
De voir mon infortune égaler son ennui[2] !
Est-ce là, dira-t-il, cette fière Hermione ?
Elle me dédaignait ; un autre l'abandonne.
L'ingrate, qui mettait son cœur à si haut prix,
Apprend donc à son tour à souffrir des mépris ! 400
Ah ! dieux !

CLÉONE

       Ah ! dissipez ces indignes alarmes :
Il a trop bien senti le pouvoir de vos charmes.
Vous croyez qu'un amant vienne[3] vous insulter[4] ?
Il vous rapporte un cœur qu'il n'a pu vous ôter.
Mais vous ne dites point ce que vous mande un père. 405

---

1. **Rude :** pénible.
2. **Ennui :** tourment, profonde peine (sens fort).
3. **Vienne :** viendrait.
4. **Insulter :** faire des reproches.

HERMIONE

Dans ses retardements[1] si Pyrrhus persévère,
À la mort du Troyen s'il ne veut consentir,
Mon père avec les Grecs m'ordonne de partir.

CLÉONE

Eh bien ! Madame, eh bien ! écoutez donc Oreste.
410 Pyrrhus a commencé, faites au moins le reste.
Pour bien faire, il faudrait que vous le prévinssiez[2].
Ne m'avez-vous pas dit que vous le haïssiez ?

HERMIONE

Si je le hais, Cléone ! Il y va de ma gloire[3],
Après tant de bontés dont il perd la mémoire.
415 Lui qui me fut si cher, et qui m'a pu trahir,
Ah ! je l'ai trop aimé pour ne le point haïr.

CLÉONE

Fuyez-le donc, Madame ; et puisqu'on vous adore...

HERMIONE

Ah ! laisse à ma fureur le temps de croître encore ;
Contre mon ennemi laisse-moi m'assurer[4].
420 Cléone, avec horreur je m'en veux séparer.
Il n'y travaillera que trop bien, l'infidèle !

CLÉONE

Quoi ! vous en attendez quelque injure nouvelle ?
Aimer une captive, et l'aimer à vos yeux,
Tout cela n'a donc pu vous le rendre odieux ?
425 Après ce qu'il a fait, que saurait-il donc faire ?
Il vous aurait déplu, s'il pouvait vous déplaire.

---

1. **Retardements** : retards (à épouser Hermione).
2. **Prévinssiez** : précédiez (que vous preniez l'initiative de rompre vous-même avant que Pyrrhus ne le fasse).
3. **Ma gloire** : mon honneur.
4. **Assurer** : prendre de l'assurance, renforcer (ses sentiments hostiles).

HERMIONE

Pourquoi veux-tu, cruelle, irriter mes ennuis ?
Je crains de me connaître en l'état où je suis.
De tout ce que tu vois tâche de ne rien croire ;
Crois que je n'aime plus, vante-moi ma victoire[1] ;   430
Crois que dans son dépit mon cœur est endurci,
Hélas ! et, s'il se peut, fais-le moi croire aussi.
Tu veux que je le fuie ? Hé bien ! rien ne m'arrête :
Allons. N'envions plus son indigne conquête ;
Que sur lui sa captive étende son pouvoir.   435
Fuyons... Mais si l'ingrat rentrait dans son devoir !
Si la foi dans son cœur retrouvait quelque place !
S'il venait à mes pieds me demander sa grâce !
Si sous mes lois, Amour, tu pouvais l'engager !
S'il voulait... Mais l'ingrat ne veut que m'outrager.   440
Demeurons toutefois pour troubler leur fortune ;
Prenons quelque plaisir à leur être importune ;
Ou, le forçant de rompre un nœud si solennel,
Aux yeux de tous les Grecs rendons-le criminel.
J'ai déjà sur le fils attiré leur colère[2] ;   445
Je veux qu'on vienne encor lui demander la mère.
Rendons-lui les tourments qu'elle me fait souffrir ;
Qu'elle le perde, ou bien qu'il la fasse périr.

CLÉONE

Vous pensez que des yeux toujours ouverts aux larmes
Se plaisent à troubler le pouvoir de vos charmes,   450
Et qu'un cœur accablé de tant de déplaisirs
De son persécuteur ait brigué les soupirs ?
Voyez si sa douleur en paraît soulagée.
Pourquoi donc les chagrins où son âme est plongée ?
Contre un amant qui plaît pourquoi tant de fierté ?   455

---

1. **Vante-moi ma victoire :** félicite-moi de cette victoire sur moi-même.
2. **Leur colère :** Hermione avoue que c'est elle qui a prévenu son père
   de la présence d'Astyanax à la cour de Pyrrhus.

HERMIONE

Hélas ! Pour mon malheur, je l'ai trop écouté.
Je n'ai point du silence affecté le mystère :
Je croyais sans péril pouvoir être sincère,
Et, sans armer mes yeux d'un moment de rigueur,
460 Je n'ai pour lui parler consulté que mon cœur.
Et qui ne se serait comme moi déclarée
Sur la foi d'une amour[1] si saintement jurée ?
Me voyait-il de l'œil qu'il me voit aujourd'hui ?
Tu t'en souviens encor, tout conspirait pour lui :
465 Ma famille vengée, et les Grecs dans la joie,
Nos vaisseaux tout chargés des dépouilles de Troie,
Les exploits de son père effacés par les siens,
Ses feux que je croyais plus ardents que les miens,
Mon cœur, toi-même enfin de sa gloire éblouie,
470 Avant qu'il me trahît, vous m'avez tous trahie.
Mais c'en est trop, Cléone, et quel que soit Pyrrhus,
Hermione est sensible, Oreste a des vertus.
Il sait aimer du moins, et même sans qu'on l'aime ;
Et peut-être il saura se faire aimer lui-même.
475 Allons : qu'il vienne enfin.

CLÉONE

Madame, le voici.

HERMIONE

Ah ! je ne croyais pas qu'il fût si près d'ici.

---

1. **Une amour :** le mot peut alors s'employer au féminin.

Scène 2 Hermione, Oreste,
Cléone

Hermione

Le croirai-je, Seigneur, qu'un reste de tendresse
Vous fasse ici chercher une triste princesse ?
Ou ne dois-je imputer qu'à votre seul devoir
L'heureux empressement qui vous porte à me voir ?   480

Oreste

Tel est de mon amour l'aveuglement funeste,
Vous le savez, Madame, et le destin d'Oreste
Est de venir sans cesse adorer vos attraits,
Et de jurer toujours qu'il n'y viendra jamais.
Je sais que vos regards vont rouvrir mes blessures,   485
Que tous mes pas vers vous sont autant de parjures [1] ;
Je le sais, j'en rougis. Mais j'atteste les dieux,
Témoins de la fureur de mes derniers adieux,
Que j'ai couru partout où ma perte certaine [2]
Dégageait mes serments et finissait ma peine.   490
J'ai mendié la mort chez des peuples cruels
Qui n'apaisaient leurs dieux que du sang des mortels :
Ils m'ont fermé leur temple ; et ces peuples barbares
De mon sang prodigué [3] sont devenus avares [4].
Enfin je viens à vous, et je me vois réduit   495
À chercher dans vos yeux une mort qui me fuit.
Mon désespoir n'attend que leur indifférence :
Ils n'ont qu'à m'interdire un reste d'espérance ;
Ils n'ont, pour avancer cette mort où je cours,
Qu'à me dire une fois [5] ce qu'ils m'ont dit toujours.   500

---

1. **Parjures :** actions qui contredisent un serment qu'on a fait.
2. **Ma perte certaine :** la certitude de ma mort.
3. **Prodigué :** offert.
4. **Sont devenus avares :** ont voulu le conserver.
5. **Une fois :** encore une fois.

Voilà, depuis un an, le seul soin qui m'anime.
Madame, c'est à vous de prendre une victime
Que les Scythes[1] auraient dérobée à vos coups,
Si j'en avais trouvé d'aussi cruels que vous.

HERMIONE

505 Quittez, Seigneur, quittez ce funeste langage.
À des soins plus pressants la Grèce vous engage.
Que parlez-vous du Scythe et de mes cruautés ?
Songez à tous ces rois que vous représentez.
Faut-il que d'un transport leur vengeance dépende ?
510 Est-ce le sang d'Oreste enfin qu'on vous demande ?
Dégagez-vous des soins dont vous êtes chargé[2].

ORESTE

Les refus de Pyrrhus m'ont assez dégagé,
Madame : il me renvoie ; et quelque autre puissance
Lui fait du fils d'Hector embrasser la défense.

HERMIONE

515 L'infidèle !

ORESTE

        Ainsi donc, tout prêt à le quitter,
Sur mon propre destin je viens vous consulter.
Déjà même je crois entendre la réponse
Qu'en secret contre moi votre haine prononce.

HERMIONE

Hé quoi ! toujours injuste en vos tristes discours,
520 De mon inimitié vous plaindrez-vous toujours ?
Quelle est cette rigueur tant de fois alléguée ?
J'ai passé dans l'Épire où j'étais reléguée[3] :
Mon père l'ordonnait. Mais qui sait si depuis
Je n'ai point en secret partagé vos ennuis ?
525 Pensez-vous avoir seul éprouvé des alarmes ?

---

1. **Scythes** : peuple des alentours de la mer Noire.
2. **Dégagez-vous [...] chargé** : accomplissez l'ambassade qui vous a été
confiée.
3. **Reléguée** : contrainte d'aller.

Que l'Épire jamais n'ait vu couler mes larmes ?
Enfin, qui vous a dit que, malgré mon devoir,
Je n'ai pas quelquefois souhaité de vous voir ?

ORESTE

Souhaité de me voir ! Ah ! divine Princesse...
Mais, de grâce, est-ce à moi que ce discours s'adresse ?   530
Ouvrez vos yeux : songez qu'Oreste est devant vous,
Oreste, si longtemps l'objet de leur courroux.

HERMIONE

Oui, c'est vous dont l'amour, naissant avec leurs charmes,
Leur apprit le premier le pouvoir de leurs armes ;
Vous que mille vertus me forçaient d'estimer ;   535
Vous que j'ai plaint, enfin que je voudrais aimer.

ORESTE

Je vous entends. Tel est mon partage funeste :
Le cœur est pour Pyrrhus, et les vœux pour Oreste.

HERMIONE

Ah ! ne souhaitez pas le destin de Pyrrhus ;
Je vous haïrais trop.   540

ORESTE

           Vous m'en aimeriez plus.
Ah ! que vous me verriez d'un regard bien contraire !
Vous me voulez aimer, et je ne puis vous plaire ;
Et, l'amour seul alors se faisant obéir,
Vous m'aimeriez, Madame, en me voulant haïr :
Ô dieux ! tant de respects, une amitié si tendre...   545
Que de raisons pour moi, si vous pouviez m'entendre !
Vous seule pour Pyrrhus disputez[1] aujourd'hui,
Peut-être malgré vous, sans doute malgré lui.
Car enfin il vous hait ; son âme ailleurs éprise
N'a plus...   550

HERMIONE

         Qui vous l'a dit, Seigneur, qu'il me méprise ?

---

1. **Disputez :** argumentez.

Ses regards, ses discours vous l'ont-ils donc appris ?
Jugez-vous que ma vue inspire des mépris ?
Qu'elle allume en un cœur des feux si peu durables ?
Peut-être d'autres yeux me sont plus favorables.

ORESTE

555 Poursuivez : il est beau de m'insulter ainsi.
Cruelle, c'est donc moi qui vous méprise ici ?
Vos yeux n'ont pas assez éprouvé[1] ma constance ?
Je suis donc un témoin de leur peu de puissance ?
Je les ai méprisés ? Ah ! qu'ils voudraient bien voir
560 Mon rival, comme moi, mépriser leur pouvoir !

HERMIONE

Que m'importe, Seigneur, sa haine ou sa tendresse ?
Allez contre un rebelle armer toute la Grèce ;
Rapportez-lui le prix de sa rébellion ;
Qu'on fasse de l'Épire un second Ilion[2].
565 Allez. Après cela direz-vous que je l'aime ?

ORESTE

Madame, faites plus, et venez-y vous-même.
Voulez-vous demeurer pour otage en ces lieux ?
Venez dans tous les cœurs faire parler vos yeux.
Faisons de notre haine une commune attaque.

HERMIONE

570 Mais, Seigneur, cependant[3], s'il épouse Andromaque ?

ORESTE

Hé ! Madame.

HERMIONE

Songez quelle honte pour nous
Si d'une Phrygienne[4] il devenait l'époux !

---

1. **Éprouvé** : mis à l'épreuve.
2. **Ilion** : autre nom de Troie.
3. **Cependant** : pendant ce temps.
4. **Phrygienne** : de Phrygie, région d'Asie mineure.

ORESTE

Et vous le haïssez ? Avouez-le, Madame,
L'amour n'est pas un feu qu'on renferme en une âme :
Tout nous trahit, la voix, le silence, les yeux,   575
Et les feux mal couverts n'en éclatent que mieux.

HERMIONE

Seigneur, je le vois bien, votre âme prévenue [1]
Répand sur mes discours le venin qui la tue,
Toujours dans mes raisons cherche quelque détour,
Et croit qu'en moi la haine est un effort d'amour.   580
Il faut donc m'expliquer : vous agirez ensuite.
Vous savez qu'en ces lieux mon devoir m'a conduite ;
Mon devoir m'y retient, et je n'en puis partir
Que mon père ou Pyrrhus ne m'en fasse sortir.
De la part de mon père allez lui faire entendre   585
Que l'ennemi des Grecs ne peut être son gendre.
Du Troyen ou de moi faites-le décider [2] ;
Qu'il songe qui des deux il veut rendre ou garder ;
Enfin qu'il me renvoie, ou bien qu'il vous le livre.
Adieu. S'il y consent, je suis prête à vous suivre.   590

---

1. **Prévenue :** pleine de préjugés.
2. **Décider :** choisir.

Illustration pour *Andromaque*, acte II, scène 2.
Gravure de Massard.

Scène 3 ORESTE, *seul.*

ORESTE

Oui, oui, vous me suivrez, n'en doutez nullement ;
Je vous réponds déjà de son consentement.
Je ne crains pas enfin que Pyrrhus la retienne :
Il n'a devant les yeux que sa chère Troyenne.
Tout autre objet le blesse[1] ; et peut-être aujourd'hui   595
Il n'attend qu'un prétexte à[2] l'éloigner de lui.
Nous n'avons qu'à parler : c'en est fait. Quelle joie
D'enlever à l'Épire une si belle proie !
Sauve tout ce qui reste et de Troie et d'Hector,
Garde son fils, sa veuve, et mille autres encor,   600
Épire : c'est assez qu'Hermione rendue
Perde à jamais tes bords et ton prince de vue.
Mais un heureux destin le conduit en ces lieux.
Parlons. À tant d'attraits, Amour, ferme ses yeux !

---

1. **Blesse :** irrite.
2. **À :** pour.

Scène 4 PYRRHUS, ORESTE, PHŒNIX

PYRRHUS

605 Je vous cherchais, Seigneur. Un peu de violence
M'a fait de vos raisons combattre la puissance,
Je l'avoue ; et depuis que je vous ai quitté,
J'en ai senti la force et connu[1] l'équité.
J'ai songé comme vous, qu'à la Grèce, à mon père,
610 À moi-même, en un mot, je devenais contraire ;
Que je relevais Troie, et rendais imparfait
Tout ce qu'a fait Achille et tout ce que j'ai fait.
Je ne condamne plus un courroux légitime,
Et l'on vous va, Seigneur, livrer votre victime.

ORESTE

615 Seigneur, par ce conseil prudent et rigoureux,
C'est acheter la paix du sang d'un malheureux.

PYRRHUS

Oui ; mais je veux, Seigneur, l'assurer davantage :
D'une éternelle paix Hermione est le gage ;
Je l'épouse. Il semblait qu'un spectacle si doux
620 N'attendît en ces lieux qu'un témoin tel que vous.
Vous y représentez tous les Grecs et son père,
Puisqu'en vous Ménélas voit revivre son frère[2].
Voyez-la donc. Allez. Dites-lui que demain
J'attends, avec la paix, son cœur de votre main.

ORESTE

625 Ah ! dieux !

---

1. **Connu :** reconnu.
2. **Son frère :** Agamemnon, assassiné par son épouse Clytemnestre à son
retour de Troie.

Scène 5 PYRRHUS, PHŒNIX

PYRRHUS

Hé bien, Phœnix, l'amour est-il le maître ?
Tes yeux refusent-ils encor de me connaître ?

PHŒNIX

Ah ! je vous reconnais ; et ce juste courroux,
Ainsi qu'à tous les Grecs, Seigneur, vous rend à vous.
Ce n'est plus le jouet d'une flamme servile[1] :
C'est Pyrrhus, c'est le fils et le rival d'Achille,   630
Que la gloire à la fin ramène sous ses lois,
Qui triomphe de Troie une seconde fois.

PYRRHUS

Dis plutôt qu'aujourd'hui commence ma victoire.
D'aujourd'hui seulement je jouis de ma gloire ;
Et mon cœur, aussi fier que tu l'as vu soumis,   635
Croit avoir en l'amour vaincu mille ennemis.
Considère, Phœnix, les troubles que j'évite,
Quelle foule de maux l'amour traîne à sa suite,
Que d'amis, de devoirs, j'allais sacrifier,
Quels périls... Un regard m'eût tout fait oublier.   640
Tous les Grecs conjurés fondaient sur un rebelle.
Je trouvais du plaisir à me perdre pour elle.

PHŒNIX

Oui, je bénis, Seigneur, l'heureuse cruauté
Qui vous rend...

PYRRHUS

                    Tu l'as vu, comme elle m'a traité.
Je pensais, en voyant sa tendresse alarmée,   645
Que son fils me la dût renvoyer désarmée.

---

1. **Flamme servile :** (double sens) amour qui rend esclave, mais aussi amour pour une esclave.

J'allais voir le succès de ses embrassements :
Je n'ai trouvé que pleurs mêlés d'emportements.
Sa misère l'aigrit ; et, toujours plus farouche,
650   Cent fois le nom d'Hector est sorti de sa bouche.
Vainement à son fils j'assurais mon secours :
« C'est Hector, disait-elle en l'embrassant toujours ;
Voilà ses yeux, sa bouche, et déjà son audace ;
C'est lui-même, c'est toi, cher époux, que j'embrasse. »
655   Et quelle est sa pensée ? Attend-elle en ce jour
Que je lui laisse un fils pour nourrir son amour ?

PHŒNIX

Sans doute, c'est le prix que vous gardait l'ingrate.
Mais laissez-la, Seigneur.

PYRRHUS

           Je vois ce qui la flatte[1].
Sa beauté la rassure ; et, malgré mon courroux,
660   L'orgueilleuse m'attend encore à ses genoux.
Je la verrais aux miens, Phœnix, d'un œil tranquille.
Elle est veuve d'Hector, et je suis fils d'Achille :
Trop de haine sépare Andromaque et Pyrrhus.

PHŒNIX

Commencez donc, Seigneur, à ne m'en parler plus.
665   Allez voir Hermione ; et, content[2] de lui plaire,
Oubliez à ses pieds jusqu'à votre colère.
Vous-même à cet hymen venez la disposer.
Est-ce sur un rival qu'il s'en faut reposer ?
Il ne l'aime que trop.

PYRRHUS

           Crois-tu, si je l'épouse,
670   Qu'Andromaque en son cœur n'en sera pas jalouse ?

PHŒNIX

Quoi ! Toujours Andromaque occupe votre esprit ?
Que vous importe, ô dieux ! sa joie ou son dépit ?

---

1. **La flatte :** l'encourage, la berce d'illusions.
2. **Content :** vous contentant.

Quel charme[1], malgré vous, vers elle vous attire ?

PYRRHUS

Non, je n'ai pas bien dit tout ce qu'il lui faut dire :
Ma colère à ses yeux n'a paru qu'à demi ;   675
Elle ignore à quel point je suis son ennemi.
Retournons-y. Je veux la braver à sa vue[2]
Et donner à ma haine une libre étendue.
Viens voir tous ses attraits, Phœnix, humiliés.
Allons.   680

PHŒNIX

　　　　Allez, Seigneur, vous jeter à ses pieds.
Allez, en lui jurant que votre âme l'adore,
À de nouveaux mépris l'encourager encore.

PYRRHUS

Je le vois bien, tu crois que prêt à l'excuser
Mon cœur court après elle et cherche à s'apaiser.

PHŒNIX

Vous aimez : c'est assez.   685

PYRRHUS

　　　　　　Moi, l'aimer ? une ingrate
Qui me hait d'autant plus que mon amour la flatte ?
Sans parents, sans amis, sans espoir que sur moi[3],
Je puis perdre son fils ; peut-être je le dois.
Étrangère... que dis-je ? esclave dans l'Épire,
Je lui donne son fils, mon âme, mon empire ;   690
Et je ne puis gagner dans son perfide cœur
D'autre rang que celui de son persécuteur ?
Non, non, je l'ai juré, ma vengeance est certaine :
Il faut bien une fois justifier sa haine.
J'abandonne son fils. Que de pleurs vont couler !   695
De quel nom sa douleur me va-t-elle appeler !
Quel spectacle pour elle aujourd'hui se dispose !

---

1. **Charme :** envoûtement (au sens fort).
2. **La braver à sa vue :** la défier face à face.
3. **Que sur moi :** autre que moi.

Elle en mourra, Phœnix, et j'en serai la cause.
C'est lui mettre moi-même un poignard dans le sein.

PHŒNIX

700 Et pourquoi donc en faire éclater le dessein ?
Que ne consultiez-vous tantôt votre faiblesse ?

PYRRHUS

Je t'entends. Mais excuse un reste de tendresse.
Crains-tu pour ma colère un si faible combat ?
D'un amour qui s'éteint c'est le dernier éclat.
705 Allons. À tes conseils, Phœnix, je m'abandonne.
Faut-il livrer son fils ? faut-il voir Hermione ?

PHŒNIX

Oui, voyez-la, Seigneur, et par des vœux soumis
Protestez[1]-lui...

PYRRHUS

Faisons tout ce que j'ai promis.

---

1. **Protestez :** promettez.

Clefs d'analyse

Acte II, scènes 1 à 5.

Compréhension

Informations

- Relever, dans la scène 1, les informations sur les événements antérieurs au début de la pièce.
- Observer la réaction de Phœnix au début de la scène 5 ; analyser son évolution au cours de la scène.

Langage

- Dans la scène 2, relever les vers constitués de deux hémistiches opposés ou symétriques. Exemple :
  Le cœur est pour Pyrrhus, et les vœux pour Oreste (v. 538).
- Chercher les occurrences du nom d'Andromaque (ou de pronoms la désignant) dans la bouche de Pyrrhus en scène 5.

Réflexion

Émotion et expression

- Analyser les mouvements contraires dans la tirade d'Hermione (v. 427-446).
- Étudier les coupures des phrases dans le monologue d'Oreste ; définir leur effet sur le spectateur.

À retenir :
Dans Andromaque, *comme dans la plupart des tragédies classiques, chaque protagoniste est accompagné d'un(e) confident(e). Ce peut être un ami (Pylade), un serviteur (Cléone, Céphise), ou une sorte de ministre aux fonctions imprécises (Phœnix). Sa présence permet au héros de dialoguer en se confiant à un personnage « neutre », porte-parole du spectateur. Mais le confident n'est pas passif ; il donne des conseils, ose parfois des contradictions. On appelle cet effet la double énonciation théâtrale. Le confident reprend ainsi quelques caractéristiques du coryphée, qui, dans la tragédie grecque antique, sortait du chœur (représentant la cité) pour interroger les protagonistes.*

Synthèse Acte II.

Le premier revirement

Personnages

L'instabilité des caractères

Le deuxième acte prolonge l'exposition, en présentant un personnage majeur absent du premier acte : Hermione. Elle donne à la première partie de l'acte II une énergie nouvelle. Ses intentions nous sont connues, mais c'est son expression même qui surprend : la dureté, l'égoïsme et le désespoir de la jeune fille dessinent une révoltée, prête à toutes les violences. Son instabilité d'humeur et son épouvantable hypocrisie envers Oreste nous plongent aux racines de la cruauté. Alternant mouvements de coquetterie et accents de rage, Hermione n'a aucun don pour la dissimulation. Oreste la démasque immédiatement :
Tout nous trahit, la voix, le silence, les yeux, / Et les feux mal couverts n'en éclatent que mieux.

Oreste entre en scène avec une agressivité inattendue. Racine renouvelle ainsi l'intérêt pour un personnage dont la dimension plaintive est intéressante pour l'apitoiement, mais peu dynamique pour le drame. Dans cet acte II, Oreste n'est pas un soupirant éconduit, mais un amant à la fois malheureux et lucide.

L'acte I avait quitté Pyrrhus menaçant face à Andromaque ; l'acte II lui redonne de la noblesse. Son revirement est formel : Pyrrhus annonce sa décision de sacrifier Astyanax avec éclat – mais il n'a informé ni Hermione, ni surtout Andromaque. La scène 5 nous montre Pyrrhus obsédé par l'image d'Andromaque. Les fausses sorties, les « allons ! » pour ne pas partir, créent des effets comiques inattendus.

L'attitude de Pyrrhus est pourtant facilement explicable du point de vue dramatique. Hermione n'agit pas autrement lorsqu'elle explique à Cléone pourquoi elle souhaite rester en

Épire malgré les insultes de Pyrrhus : *Laisse à ma fureur le temps de croître encore*. Ces deux caractères, les plus violents de la tragédie, sont possédés par une passion exclusive. Hermione ne peut pas s'empêcher de penser à Pyrrhus, ni Pyrrhus à Andromaque.

Langage

La préciosité dans Andromaque

Le courant précieux hérite des traditions courtoises médiévales. Dans l'univers courtois, le chevalier amoureux doit obéissance à sa dame, dont il clame la pureté et la noblesse sans jamais prétendre à autre chose qu'une totale soumission. À l'issue d'épreuves, il pourra progressivement conquérir des gages : un regard, puis un objet, puis un baiser et enfin l'étreinte.

Dans le langage courtois, les termes relatifs à la soumission sont nombreux : il est question des fers et des chaînes de l'amour. Le regard joue un rôle prépondérant ; on parle donc du pouvoir des yeux de la belle, au point que ces yeux constituent une métonymie de la femme comme l'amour : *... je me vois réduit / À chercher dans vos yeux une mort qui me fuit* (Oreste, II, 2). La femme restant sur la réserve, l'amant ne peut savoir s'il est aimé ou non ; il se plaindra alors de sa froideur et de sa cruauté : *Hélas ! fus-je jamais si cruel que vous l'êtes ?* (Pyrrhus, I, 4). En opposition, l'amour est évoqué par la flamme, le feu, ou les feux, souvent ardents, les verbes « brûler », « se consumer... ».

L'univers courtois a été remis à la mode au début du XVIIᵉ siècle dans de vastes romans dits « précieux », comme ceux d'Honoré d'Urfé ou de Madeleine de Scudéry, qui connaissent un succès considérable. Molière s'en moque dans *Les Précieuses ridicules* en 1659. À l'époque de Racine, une bonne partie de ces expressions sont devenues des lieux communs poétiques.

ACTE III
Scène 1 ORESTE, PYLADE

PYLADE

Modérez donc, Seigneur, cette fureur extrême.
710 Je ne vous connais plus ; vous n'êtes plus vous-même.
Souffrez...

ORESTE

Non, tes conseils ne sont plus de saison,
Pylade ; je suis las d'écouter la raison.
C'est traîner trop longtemps ma vie et mon supplice.
Il faut que je l'enlève[1] ou bien que je périsse.
715 Le dessein en est pris, je le veux achever[2].
Oui, je le veux.

PYLADE

Hé bien ! il la faut enlever ;
J'y consens. Mais songez cependant où vous êtes.
Que croira-t-on de vous, à voir ce que vous faites ?
Dissimulez : calmez ce transport inquiet,
720 Commandez à vos yeux de garder le secret.
Ces gardes, cette cour, l'air qui vous environne,
Tout dépend de Pyrrhus, et surtout Hermione.
À ses regards surtout cachez votre courroux.
Ô dieux ! en cet état pourquoi la cherchiez-vous ?

ORESTE

725 Que sais-je ? De moi-même étais-je alors le maître ?
La fureur m'emportait, et je venais peut-être
Menacer à la fois l'ingrate et son amant.

PYLADE

Et quel était le fruit de cet emportement ?

---

1. **Que je l'enlève :** que j'enlève Hermione.
2. **Achever :** accomplir jusqu'au bout.

ORESTE

Et quelle âme, dis-moi, ne serait éperdue[1]
Du coup dont ma raison vient d'être confondue[2] ?   730
Il épouse, dit-il, Hermione demain ;
Il veut, pour m'honorer, la tenir de ma main.
Ah ! plutôt cette main dans le sang du barbare...

PYLADE

Vous l'accusez, Seigneur, de ce destin bizarre.
Cependant, tourmenté de ses propres desseins,   735
Il est peut-être à plaindre autant que je vous plains.

ORESTE

Non, non, je le connais, mon désespoir le flatte ;
Sans moi, sans mon amour, il dédaignait l'ingrate ;
Ses charmes jusque-là n'avaient pu le toucher :
Le cruel ne la prend que pour me l'arracher.   740
Ah ! dieux ! c'en était fait : Hermione gagnée
Pour jamais de sa vue allait être éloignée.
Son cœur, entre l'amour et le dépit confus[3],
Pour se donner à moi n'attendait qu'un refus ;
Ses yeux s'ouvraient, Pylade ; elle écoutait Oreste,   745
Lui parlait, le plaignait... Un mot eût fait le reste.

PYLADE

Vous le croyez !

ORESTE

Hé quoi ? Ce courroux enflammé
Contre un ingrat...

PYLADE

Jamais il ne fut plus aimé.
Pensez-vous, quand Pyrrhus vous l'aurait accordée,
Qu'un prétexte tout prêt ne l'eût pas retardée ?   750
M'en croirez-vous ? Lassé de ses trompeurs attraits,
Au lieu de l'enlever, fuyez-la pour jamais.

---

1. **Éperdue :** troublée, bouleversée.
2. **Confondue :** plongée dans la confusion.
3. **Confus :** hésitant.

Quoi ! Votre amour se veut charger d'une furie [1]
Qui vous détestera, qui, toute votre vie,
755 Regrettant un hymen tout prêt à s'achever,
Voudra...

ORESTE

C'est pour cela que je veux l'enlever.
Tout lui rirait [2], Pylade ; et moi, pour mon partage,
Je n'emporterais donc qu'une inutile rage ?
J'irais loin d'elle encor tâcher de l'oublier ?
760 Non, non, à mes tourments je veux l'associer.
C'est trop gémir tout seul. Je suis las qu'on me plaigne.
Je prétends qu'à mon tour l'inhumaine me craigne,
Et que ses yeux cruels, à pleurer condamnés,
Me rendent tous les noms que je leur ai donnés.

PYLADE

765 Voilà donc le succès qu'aura votre ambassade :
Oreste ravisseur !

ORESTE

Et qu'importe, Pylade ?
Quand nos États vengés jouiront de mes soins,
L'ingrate de mes pleurs jouira-t-elle moins ?
Et que me servira que la Grèce m'admire
770 Tandis que je serai la fable [3] de l'Épire ?
Que veux-tu ? Mais, s'il faut ne te rien déguiser,
Mon innocence enfin commence à me peser.
Je ne sais de tout temps quelle injuste puissance
Laisse le crime en paix et poursuit l'innocence.
775 De quelque part sur moi que je tourne les yeux,
Je ne vois que malheurs qui condamnent les dieux.
Méritons leur courroux, justifions leur haine,
Et que le fruit du crime en précède la peine.

---

1. **Furie** : femme possédée par l'idée de faire du mal. Les Furies sont les
   déesses de la Vengeance.
2. **Tout lui rirait** : tout lui serait agréable.
3. **La fable** : la risée, l'objet de moqueries.

Mais toi, par quelle erreur veux-tu toujours sur toi
Détourner un courroux qui ne cherche que moi ?   780
Assez et trop longtemps mon amitié t'accable :
Évite un malheureux, abandonne un coupable.
Cher Pylade, crois-moi, ta pitié te séduit[1] ;
Laisse-moi des périls dont j'attends tout le fruit.
Porte aux Grecs cet enfant que Pyrrhus m'abandonne.   785
Va-t'en.

PYLADE
Allons, Seigneur, enlevons Hermione.
Au travers des périls un grand cœur se fait jour.
Que ne peut l'amitié conduite par l'amour ?
Allons de tous vos Grecs encourager le zèle.
Nos vaisseaux sont tout prêts, et le vent nous appelle.   790
Je sais de ce palais tous les détours obscurs ;
Vous voyez que la mer en vient battre les murs ;
Et cette nuit, sans peine, une secrète voie
Jusqu'en votre vaisseau conduira votre proie.

ORESTE
J'abuse, cher ami, de ton trop d'amitié.   795
Mais pardonne à des maux dont toi seul as pitié ;
Excuse un malheureux qui perd tout ce qu'il aime,
Que tout le monde hait, et qui se hait lui-même.
Que ne puis-je à mon tour dans un sort plus heureux...

PYLADE
Dissimulez, Seigneur, c'est tout ce que je veux.   800
Gardez[2] qu'avant le coup votre dessein n'éclate[3] :
Oubliez jusque-là qu'Hermione est ingrate ;
Oubliez votre amour. Elle vient, je la vois.

ORESTE
Va-t'en. Réponds-moi d'elle, et je réponds de moi.

---

1. **Te séduit :** t'égare.

2. **Gardez :** évitez.

3. **N'éclate :** n'apparaisse au grand jour.

Rachel dans le rôle d'Hermione.

Scène 2 <small>HERMIONE, ORESTE, CLÉONE</small>

ORESTE

Hé bien ! mes soins vous ont rendu votre conquête.   805
J'ai vu Pyrrhus, Madame, et votre hymen s'apprête.

HERMIONE

On le dit ; et de plus on vient de m'assurer
Que vous ne me cherchiez que pour m'y préparer.

ORESTE

Et votre âme à ses vœux ne sera pas rebelle ?

HERMIONE

Qui l'eût cru, que Pyrrhus ne fût point infidèle ?   810
Que sa flamme attendrait si tard pour éclater ?
Qu'il reviendrait à moi quand je l'allais quitter ?
Je veux croire avec vous qu'il redoute la Grèce,
Qu'il suit son intérêt plutôt que sa tendresse,
Que mes yeux sur votre âme étaient plus absolus[1].   815

ORESTE

Non, Madame ; il vous aime, et je n'en doute plus.
Vos yeux ne font-ils pas tout ce qu'ils veulent faire ?
Et vous ne vouliez pas sans doute lui déplaire.

HERMIONE

Mais que puis-je, Seigneur ? On a promis ma foi.
Lui ravirai-je un bien qu'il ne tient pas de moi ?   820
L'amour ne règle pas le sort d'une princesse :
La gloire d'obéir est tout ce qu'on nous laisse.
Cependant je partais, et vous avez pu voir
Combien je relâchais pour vous de mon devoir.

ORESTE

Ah ! que vous saviez bien, cruelle... Mais, Madame,   825
Chacun peut à son choix disposer de son âme.

---

1. **Absolus :** avaient un pouvoir illimité.

La vôtre était à vous. J'espérais ; mais enfin
Vous l'avez pu donner sans me faire un larcin [1].
Je vous accuse aussi bien moins que la fortune.
830 Et pourquoi vous lasser d'une plainte importune ?
Tel est votre devoir, je l'avoue ; et le mien
Est de vous épargner un si triste entretien.

Scène 3 HERMIONE, CLÉONE

HERMIONE

Attendais-tu, Cléone, un courroux si modeste ?

CLÉONE

La douleur qui se tait n'en est que plus funeste.
835 Je le plains : d'autant plus qu'auteur de son ennui [2],
Le coup qui l'a perdu n'est parti que de lui.
Comptez depuis quel temps votre hymen se prépare :
Il a parlé, Madame, et Pyrrhus se déclare.

HERMIONE

Tu crois que Pyrrhus craint [3] ? Et que craint-il encor ?
840 Des peuples qui, dix ans, ont fui devant Hector ;
Qui cent fois, effrayés de l'absence d'Achille,
Dans leurs vaisseaux brûlants ont cherché leur asile,
Et qu'on verrait encor, sans l'appui de son fils,
Redemander Hélène aux Troyens impunis ?
845 Non, Cléone, il n'est point ennemi de lui-même ;
Il veut tout ce qu'il fait ; et, s'il m'épouse, il m'aime.
Mais qu'Oreste à son gré m'impute [4] ses douleurs :
N'avons-nous d'entretien que celui de ses pleurs ?

---

1. **Larcin :** vol.
2. **Auteur de son ennui :** à l'origine lui-même de son malheur.
3. **Craint :** a peur.
4. **M'impute :** me rende responsable.

Pyrrhus revient à nous ! Hé bien ! chère Cléone,
Conçois-tu les transports de l'heureuse Hermione ?   850
Sais-tu quel est Pyrrhus ? T'es-tu fait raconter
Le nombre des exploits... Mais qui les peut compter ?
Intrépide, et partout suivi de la victoire,
Charmant, fidèle enfin : rien ne manque à sa gloire.
Songe...   855

CLÉONE

Dissimulez. Votre rivale en pleurs
Vient à vos pieds, sans doute, apporter ses douleurs.

HERMIONE

Dieux ! ne puis-je à ma joie abandonner mon âme ?
Sortons : que lui dirais-je ?

Scène 4   ANDROMAQUE, HERMIONE, CLÉONE, CÉPHISE

ANDROMAQUE

Où fuyez-vous, Madame ?
N'est-ce point à vos yeux un spectacle assez doux
Que la veuve d'Hector pleurante à vos genoux ?   860
Je ne viens point ici, par de jalouses larmes,
Vous envier un cœur qui se rend à vos charmes.
Par une main cruelle, hélas ! j'ai vu percer
Le seul où mes regards prétendaient s'adresser.
Ma flamme par Hector fut jadis allumée ;   865
Avec lui dans la tombe elle s'est enfermée.
Mais il me reste un fils. Vous saurez quelque jour,
Madame, pour un fils jusqu'où va notre amour ;
Mais vous ne saurez pas, du moins je le souhaite,
En quel trouble mortel son intérêt nous jette,   870
Lorsque de tant de biens qui pouvaient nous flatter [1],

---

1. **Flatter :** réjouir.

C'est le seul qui nous reste, et qu'on veut nous l'ôter.
Hélas ! lorsque, lassés de dix ans de misère,
Les Troyens en courroux menaçaient votre mère,
875 J'ai su de mon Hector lui procurer l'appui[1].
Vous pouvez sur Pyrrhus ce que j'ai pu sur lui.
Que craint-on d'un enfant qui survit à sa perte[2] ?
Laissez-moi le cacher en quelque île déserte.
Sur les soins de sa mère on peut s'en assurer,
880 Et mon fils avec moi n'apprendra qu'à pleurer.

HERMIONE

Je conçois vos douleurs. Mais un devoir austère,
Quand mon père a parlé, m'ordonne de me taire.
C'est lui qui de Pyrrhus fait agir le courroux.
S'il faut fléchir Pyrrhus, qui le peut mieux que vous ?
885 Vos yeux assez longtemps ont régné sur son âme ;
Faites-le prononcer[3] : j'y souscrirai, Madame.

Scène 5 ANDROMAQUE, CÉPHISE

ANDROMAQUE

Quel mépris la cruelle attache à ses refus !

CÉPHISE

Je croirais ses conseils, et je verrais Pyrrhus.
Un regard confondrait Hermione et la Grèce...
890 Mais lui-même il vous cherche.

---

1. **Lorsque, lassés [...] l'appui :** aux plus sombres moments de la guerre, certains Troyens voulurent rendre Hélène à son mari Ménélas. Hector s'y opposa.
2. **À sa perte :** à la mort d'Hector.
3. **Prononcer :** décider publiquement.

Scène 6 Pyrrhus, Andromaque, Phœnix, Céphise

Pyrrhus, *à Phœnix.*

Où donc est la princesse ?
Ne m'avais-tu pas dit qu'elle était en ces lieux ?

Phœnix

Je le croyais.

Andromaque, *à Céphise.*
Tu vois le pouvoir de mes yeux.

Pyrrhus

Que dit-elle, Phœnix ?

Andromaque

Hélas ! tout m'abandonne.

Phœnix

Allons, Seigneur, marchons sur les pas d'Hermione.

Céphise

Qu'attendez-vous ? Rompez ce silence obstiné.   895

Andromaque

Il a promis mon fils.

Céphise

Il ne l'a pas donné.

Andromaque

Non, non, j'ai beau pleurer, sa mort est résolue.

Pyrrhus

Daigne-t-elle sur nous tourner au moins la vue ?
Quel orgueil !

Andromaque

Je ne fais que l'irriter encor.
Sortons.   900

Pyrrhus

Allons aux Grecs livrer le fils d'Hector.

> **ANDROMAQUE,** *se jetant aux pieds de Pyrrhus.*
> Ah ! Seigneur, arrêtez ! Que prétendez-vous faire ?
> Si vous livrez le fils, livrez-leur donc la mère.
> Vos serments m'ont tantôt juré tant d'amitié !
> Dieux ! ne pourrai-je au moins toucher votre pitié ?
> 905 Sans espoir de pardon m'avez-vous condamnée ?

> **PYRRHUS**
> Phœnix vous le dira, ma parole est donnée.

> **ANDROMAQUE**
> Vous qui braviez pour moi tant de périls divers !

> **PYRRHUS**
> J'étais aveugle alors ; mes yeux se sont ouverts.
> Sa grâce à vos désirs pouvait être accordée ;
> 910 Mais vous ne l'avez pas seulement demandée.
> C'en est fait.

> **ANDROMAQUE**
> Ah ! Seigneur, vous entendiez assez
> Des soupirs qui craignaient de se voir repoussés.
> Pardonnez à l'éclat d'une illustre fortune[1]
> Ce reste de fierté qui craint d'être importune.
> 915 Vous ne l'ignorez pas : Andromaque, sans vous,
> N'aurait jamais d'un maître embrassé les genoux.

> **PYRRHUS**
> Non, vous me haïssez ; et dans le fond de l'âme
> Vous craignez de devoir quelque chose à ma flamme.
> Ce fils même, ce fils, l'objet de tant de soins,
> 920 Si je l'avais sauvé, vous l'en aimeriez moins.
> La haine, le mépris, contre moi tout s'assemble ;
> Vous me haïssez plus que tous les Grecs ensemble.
> Jouissez à loisir d'un si noble courroux.
> Allons, Phœnix.

> **ANDROMAQUE**
> Allons rejoindre mon époux.

---

1. **Illustre fortune :** haute condition sociale.

CÉPHISE

Madame...   925

ANDROMAQUE, *à Céphise.*

Et que veux-tu que je lui dise encore ?
Auteur de tous mes maux, crois-tu qu'il les ignore ?
À Pyrrhus.
Seigneur, voyez l'état où vous me réduisez.
J'ai vu mon père mort et nos murs embrasés ;
J'ai vu trancher les jours de ma famille entière,
Et mon époux sanglant traîné sur la poussière,   930
Son fils, seul avec moi, réservé pour les fers.
Mais que ne peut un fils ? Je respire, je sers[1].
J'ai fait plus : je me suis quelquefois consolée
Qu'ici, plutôt qu'ailleurs, le sort m'eût exilée ;
Qu'heureux dans son malheur, le fils de tant de rois,   935
Puisqu'il devait servir, fût tombé sous vos lois.
J'ai cru que sa prison deviendrait son asile.
Jadis Priam soumis fut respecté d'Achille[2] :
J'attendais de son fils encor plus de bonté.
Pardonne, cher Hector, à ma crédulité !   940
Je n'ai pu soupçonner ton ennemi d'un crime ;
Malgré lui-même enfin je l'ai cru magnanime.
Ah ! s'il l'était assez pour nous laisser du moins
Au tombeau qu'à ta cendre ont élevé mes soins,
Et que, finissant là sa haine et nos misères,   945
Il ne séparât point des dépouilles si chères !

PYRRHUS

Va m'attendre, Phœnix.

---

1. **Je sers :** comme esclave.
2. **Jadis [...] Achille :** pendant la guerre de Troie, Achille après avoir
   tué Hector, traîna le corps de celui-ci derrière son char autour des
   murailles de Troie. Mais, à la demande de Priam, il lui rendit la
   dépouille pour des funérailles décentes.

Ah Seigneur ! arretez ! que prétendez-vous faire ?
Si vous livrez le fils, livrez-leur donc la mere !

Ac. III. Sc. 6ᵉ

Illustration pour *Andromaque*, acte III, scène 6.
Gravure de Jean-Michel Moreau le Jeune.

Scène 7 Pyrrhus, Andromaque, Céphise

Pyrrhus *continue.*

Madame, demeurez.
On peut vous rendre encor ce fils que vous pleurez.
Oui, je sens à regret qu'en excitant vos larmes
Je ne fais contre moi que vous donner des armes.   950
Je croyais apporter plus de haine en ces lieux.
Mais, Madame, du moins tournez vers moi les yeux :
Voyez si mes regards sont d'un juge sévère,
S'ils sont d'un ennemi qui cherche à vous déplaire.
Pourquoi me forcez-vous vous-même à vous trahir ?   955
Au nom de votre fils, cessons de nous haïr.
À le sauver enfin c'est moi qui vous convie.
Faut-il que mes soupirs vous demandent sa vie ?
Faut-il qu'en sa faveur j'embrasse vos genoux ?
Pour la dernière fois, sauvez-le, sauvez-nous.   960
Je sais de quels serments je romps pour vous les chaînes,
Combien je vais sur moi faire éclater de haines.
Je renvoie Hermione, et je mets sur son front,
Au lieu de ma couronne, un éternel affront.
Je vous conduis au temple où son hymen s'apprête,   965
Je vous ceins du bandeau préparé pour sa tête.
Mais ce n'est plus, Madame, une offre à dédaigner :
Je vous le dis, il faut ou périr ou régner.
Mon cœur, désespéré d'un an d'ingratitude,
Ne peut plus de son sort souffrir l'incertitude.   970
C'est craindre, menacer, et gémir trop longtemps.
Je meurs si je vous perds ; mais je meurs si j'attends.
Songez-y : je vous laisse, et je viendrai vous prendre
Pour vous mener au temple où ce fils doit m'attendre,
Et là vous me verrez, soumis ou furieux,   975
Vous couronner, Madame, ou le perdre à vos yeux.

Scène 8 ANDROMAQUE, CÉPHISE

CÉPHISE

Je vous l'avais prédit, qu'en dépit de la Grèce,
De votre sort encor vous seriez la maîtresse.

ANDROMAQUE

Hélas ! de quel effet tes discours sont suivis !
980 Il ne me restait plus qu'à condamner mon fils.

CÉPHISE

Madame, à votre époux c'est être assez fidèle :
Trop de vertu pourrait vous rendre criminelle.
Lui-même il porterait votre âme à la douceur.

ANDROMAQUE

Quoi ! Je lui donnerais Pyrrhus pour successeur ?

CÉPHISE

985 Ainsi le veut son fils, que les Grecs vous ravissent.
Pensez-vous qu'après tout ses mânes[1] en rougissent ?
Qu'il méprisât, Madame, un roi victorieux
Qui vous fait remonter au rang de vos aïeux,
Qui foule aux pieds pour vous vos vainqueurs en colère,
990 Qui ne se souvient plus qu'Achille était son père,
Qui dément ses exploits et les rends superflus ?

ANDROMAQUE

Dois-je les oublier, s'il ne s'en souvient plus ?
Dois-je oublier Hector privé de funérailles,
Et traîné sans honneur autour de nos murailles ?
995 Dois-je oublier son père à mes pieds renversé,
Ensanglantant l'autel qu'il tenait embrassé[2] ?
Songe, songe, Céphise, à cette nuit cruelle

---

1. **Mânes :** âmes des morts, dans la religion romaine.
2. **Qu'il tenait embrassé :** Priam était venu chercher protection dans un temple troyen lorsqu'il fut tué par Pyrrhus.

Qui fut pour tout un peuple une nuit éternelle.
Figure-toi Pyrrhus, les yeux étincelants,
Entrant à la lueur de nos palais brûlants,   1000
Sur tous mes frères morts se faisant un passage,
Et de sang tout couvert échauffant le carnage.
Songe aux cris des vainqueurs, songe aux cris des mourants,
Dans la flamme étouffés, sous le fer expirants.
Peins-toi dans ces horreurs Andromaque éperdue :   1005
Voilà comme Pyrrhus vint s'offrir à ma vue ;
Voilà par quels exploits il sut se couronner ;
Enfin voilà l'époux que tu me veux donner.
Non, je ne serai point complice de ses crimes ;
Qu'il nous prenne, s'il veut, pour dernières victimes.   1010
Tous mes ressentiments lui seraient asservis [1].

CÉPHISE

Hé bien ! allons donc voir expirer votre fils :
On n'attend plus que vous... Vous frémissez, Madame ?

ANDROMAQUE

Ah ! de quel souvenir viens-tu frapper mon âme !
Quoi ! Céphise, j'irai voir expirer encor   1015
Ce fils, ma seule joie et l'image d'Hector ?
Ce fils, que de sa flamme il me laissa pour gage ?
Hélas ! je m'en souviens, le jour que son courage
Lui fit chercher Achille, ou plutôt le trépas,
Il demanda son fils et le prit dans ses bras :   1020
« Chère épouse, dit-il en essuyant mes larmes,
J'ignore quel succès le sort garde à mes armes ;
Je te laisse mon fils pour gage de ma foi :
S'il me perd, je prétends qu'il me retrouve en toi.
Si d'un heureux hymen la mémoire t'est chère,   1025
Montre au fils à quel point tu chérissais le père. »
Et je puis [2] voir répandre un sang si précieux ?
Et je laisse avec lui périr tous ses aïeux ?

---

1. **Tous mes ressentiments [...] asservis :** si elle épousait Pyrrhus,
   Andromaque ne pourrait plus éprouver de haine envers lui.
2. **Et je puis :** et je pourrais.

Roi barbare, faut-il que mon crime l'entraîne ?
1030 Si je te hais, est-il coupable de ma haine ?
T'a-t-il de tous les siens reproché le trépas ?
S'est-il plaint à tes yeux des maux qu'il ne sent pas ?
Mais cependant, mon fils, tu meurs si je n'arrête
Le fer que le cruel tient levé sur ta tête.
1035 Je l'en puis détourner, et je t'y vais offrir ?
Non, tu ne mourras point : je ne le puis souffrir.
Allons trouver Pyrrhus. Mais non, chère Céphise,
Va le trouver pour moi.

CÉPHISE

Que faut-il que je dise ?

ANDROMAQUE

Dis-lui que de mon fils l'amour est assez fort...
1040 Crois-tu que dans son cœur il ait juré sa mort ?
L'amour peut-il si loin pousser sa barbarie ?

CÉPHISE

Madame, il va bientôt revenir en furie.

ANDROMAQUE

Hé bien ! va l'assurer...

CÉPHISE.

De quoi ? de votre foi ?

ANDROMAQUE

Hélas ! pour la promettre est-elle encore à moi ?
1045 Ô cendres d'un époux ! ô Troyens ! ô mon père !
Ô mon fils, que tes jours coûtent cher à ta mère !
Allons.

CÉPHISE

Où donc, Madame ? et que résolvez-vous ?

ANDROMAQUE

Allons sur son tombeau consulter mon époux.

Clefs d'analyse

Acte III, scènes 1 à 8.

Compréhension

Le nœud de la tragédie

- Observer le comportement de Pylade dans la scène 1. Il se soumet aux projets d'Oreste : déterminer sa motivation.
- Chercher les indices de l'hypocrisie d'Hermione dans la scène 2.
- Relever les termes des champs lexicaux de la douleur et de la mort dans les scènes 4 et 5 ; déterminer la nouvelle orientation de la tragédie.

Réflexion

Un choix stratégique

- Expliquer comment Oreste parvient à se maîtriser en scène 2. Étudier l'importance du langage courtois dans ce dialogue.

Vainqueurs et vaincus

- Étudier l'effet de contraste entre les deux rappels successifs de la chute de Troie (scènes 3 et 4).

À retenir :

L'alexandrin est un vers de douze syllabes. Les « e » muets ne comptent que s'ils sont suivis d'une consonne à l'intérieur du même vers :

Leur/hai/ne/pour/Hec/tor/n'est/pas/en/co/re é/teinte. (vers 269)

   1   2   3   4   5 6   7   8 9 10 11   12

Les diphtongues comptent pour deux syllabes : « oublier » fait trois syllabes (vers 364). Mais « oui » ou « ui » (dans « instruire ») comptent pour une syllabe. Chaque vers est constitué de deux hémistiches de six syllabes : un mot ne se trouve jamais à cheval sur la coupure (césure) entre les deux hémistiches.

Les rimes sont successives : a-a-b-b, avec une alternance de rimes masculines et féminines, c'est-à-dire respectivement sans et avec « e » muet. Par exemple, dans les quatre premiers vers de l'acte I, les rimes sont en « èle/elle » puis « ci/ci ». Le nombre 12 est considéré comme garant d'équilibre, divisible à la fois par 2, 3, 4 et 6.

Synthèse Acte III.

L'ultimatum de Pyrrhus

Personnages

L'apport des confidents

La pièce aurait pu s'achever à l'acte II : Pyrrhus épousant Hermione, Oreste rentrant en Grèce avec l'enfant d'Andromaque, les obstacles étaient levés. Mais nous avons vu à quel point la décision de Pyrrhus était fragile.

L'acte III est construit selon une gradation de la tension, qui parvient à une première apogée dans la scène entre Andromaque et Hermione (unique rencontre entre les deux femmes au cours de la pièce, et ce, presque au milieu précis de la tragédie), et qui atteint un second climax lorsque Pyrrhus, touché par Andromaque, revient sur sa décision de livrer Astyanax et met brutalement sa mère face à une alternative. Racine, conscient que chaque acte doit ménager un « *suspense* », achève son acte sur une absence de décision : Andromaque va consulter... un mort (*Allons sur son tombeau consulter mon époux*). Ici se situe l'entracte.

Avec seulement quatre personnages majeurs, l'auteur ne disposait pas d'un nombre infini de possibilités. Pour renouveler l'intérêt, il s'appuie sur la découverte de nouvelles facettes des personnages principaux. Après un Oreste plaintif, puis un Oreste suspicieux, nous découvrons un Oreste furieux et agressif. Après sa douleur de l'acte II, Hermione laisse éclater sa joie, quitte à tomber dans l'excès – toujours punissable en tragédie. Pyrrhus est ferme dans toutes ses décisions, même opposées les unes aux autres. Quant à Andromaque, qui se jette coup sur coup aux genoux d'Hermione puis de Pyrrhus, elle prononce quelques-unes des plus belles tirades du théâtre, mêlant poésie, sincérité et douleur.

Il ne faut pas sous-estimer les rôles de confidents. Cléone, face à Hermione, n'hésite pas à prononcer des vérités très dures, et se montre sensible à la douleur d'Andromaque, contrairement à sa maîtresse. Pylade a tenté de calmer Oreste et lui parle comme à un malade. Pyrrhus congédie Phœnix lorsqu'il veut parler à Andromaque : il craint sa présence. Pour Céphise, la situation est différente : sa maîtresse ne se ment pas à elle-même ; le dialogue se fait plus amical.

Langage

Le registre pathétique

Le *pathos* (en grec : souffrance) est cette partie de la rhétorique qui vise à provoquer l'émotion de l'auditoire. La tirade pathétique s'appuie, d'une part, sur des termes issus d'un champ lexical propre à apitoyer, selon un mode funèbre ou douloureux, et, d'autre part, sur un argumentaire construit, avec le rappel d'événements pénibles. Andromaque, régulièrement présentée comme « la veuve d'Hector », porte en elle une douleur propre à toucher les cœurs : contraste entre sa situation actuelle et sa gloire passée, fidélité au mari défunt, dévouement à son fils. Lorsqu'elle est, de surcroît, soumise à la pression des ultimatums de Pyrrhus, le rappel de ces circonstances agit sur le spectateur, sensible à cette triste accumulation.

L'émotion ne peut naître d'une simple complainte. L'auteur dramatique alterne les effets entre mouvements physiques forts – larmes, cris – et retenus, signes d'une douleur contenue. L'utilisation du registre pathétique par le dramaturge est indissociable de l'incarnation du personnage par le comédien. La scène où Andromaque se jette aux pieds de Pyrrhus en est une superbe illustration : la simplicité de ses appels à la pitié, puis, dans un second temps, le rappel, sur un mode funèbre, de ses douleurs d'épouse et de mère, provoquent l'émotion.

ACTE IV

Scène 1 ANDROMAQUE, CÉPHISE

CÉPHISE

Ah ! je n'en doute point : c'est votre époux, Madame,
1050 C'est Hector qui produit ce miracle en votre âme.
Il veut que Troie encor se puisse relever
Avec cet heureux[1] fils qu'il vous fait conserver.
Pyrrhus vous l'a promis. Vous venez de l'entendre,
Madame : il n'attendait qu'un mot pour vous le rendre.
1055 Croyez-en ses transports : père, sceptre, alliés,
Content de votre cœur, il met tout à vos pieds.
Sur lui, sur tout son peuple il vous rend souveraine.
Est-ce là ce vainqueur digne de tant de haine ?
Déjà contre les Grecs plein d'un noble courroux,
1060 Le soin de votre fils le touche autant que vous :
Il prévient leur fureur[2], il lui laisse sa garde ;
Pour ne pas l'exposer, lui-même se hasarde[3].
Mais tout s'apprête au temple, et vous avez promis.

ANDROMAQUE

Oui, je m'y trouverai. Mais allons voir mon fils.

CÉPHISE

1065 Madame, qui vous presse ? Il suffit que sa vue
Désormais à vos yeux ne soit plus défendue.
Vous lui pourrez bientôt prodiguer vos bontés,
Et vos embrassements ne seront plus comptés.
Quel plaisir d'élever un enfant qu'on voit craître[4],
1070 Non plus comme un esclave élevé pour son maître,
Mais pour voir avec lui renaître tant de rois !

---

1. **Heureux :** qui a de la chance.
2. **Il prévient leur fureur :** il prend des précautions pour éviter que
   leur rage ne les conduise à tuer l'enfant.
3. **Il se hasarde :** il se met lui-même en danger.
4. **Craître :** grandir (ancienne forme de « croître »).

ANDROMAQUE

Céphise, allons le voir pour la dernière fois.

CÉPHISE

Que dites-vous ? Ô dieux !

ANDROMAQUE

        Ô ma chère Céphise,
Ce n'est point avec toi que mon cœur se déguise.
Ta foi, dans mon malheur, s'est montrée à mes yeux ;   1075
Mais j'ai cru qu'à mon tour tu me connaissais mieux.
Quoi donc ? As-tu pensé qu'Andromaque infidèle
Pût trahir un époux qui croit revivre en elle,
Et que de tant de morts réveillant la douleur,
Le soin de mon repos me fît troubler le leur ?   1080
Est-ce là cette ardeur tant promise à sa cendre[1] ?
Mais son fils périssait : il l'a fallu défendre.
Pyrrhus en m'épousant s'en déclare l'appui ;
Il suffit : je veux bien m'en reposer sur lui.
Je sais quel[2] est Pyrrhus. Violent, mais sincère,   1085
Céphise, il fera plus qu'il n'a promis de faire.
Sur le courroux des Grecs je m'en repose encor :
Leur haine va donner un père au fils d'Hector.
Je vais donc, puisqu'il faut que je me sacrifie,
Assurer à Pyrrhus le reste de ma vie ;   1090
Je vais, en recevant sa foi sur les autels,
L'engager à mon fils par des nœuds immortels.
Mais aussitôt ma main, à moi seule funeste,
D'une infidèle vie abrégera le reste,
Et, sauvant ma vertu, rendra ce que je dois   1095
À Pyrrhus, à mon fils, à mon époux, à moi.
Voilà de mon amour l'innocent stratagème ;
Voilà ce qu'un époux m'a commandé lui-même.
J'irai seule rejoindre Hector et mes aïeux.
Céphise, c'est à toi de me fermer les yeux.   1100

---

1. **Promise à sa cendre :** en respect du serment fait devant le corps d'Hector.

2. **Quel :** comment, quel est son caractère.

CÉPHISE

Ah ! ne prétendez pas que je puisse survivre...

ANDROMAQUE

Non, non, je te défends, Céphise, de me suivre.
Je confie à tes soins mon unique trésor :
Si tu vivais pour moi, vis pour le fils d'Hector.
1105 De l'espoir des Troyens seule dépositaire,
Songe à combien de rois tu deviens nécessaire.
Veille auprès de Pyrrhus ; fais-lui garder sa foi :
S'il le faut, je consens qu'on lui parle de moi.
Fais-lui valoir l'hymen où je me suis rangée ;
1110 Dis-lui qu'avant ma mort je lui fus engagée,
Que ses ressentiments doivent être effacés,
Qu'en lui laissant mon fils, c'est l'estimer assez.
Fais connaître à mon fils les héros de sa race ;
Autant que tu pourras, conduis-le sur leur trace.
1115 Dis-lui par quels exploits leurs noms ont éclaté[1],
Plutôt ce qu'ils ont fait que ce qu'ils ont été ;
Parle-lui tous les jours des vertus de son père,
Et quelquefois aussi parle-lui de sa mère.
Mais qu'il ne songe plus, Céphise, à nous venger :
1120 Nous lui laissons un maître, il le doit ménager.
Qu'il ait de ses aïeux un souvenir modeste :
Il est du sang d'Hector, mais il en est le reste ;
Et pour ce reste enfin j'ai moi-même, en un jour,
Sacrifié mon sang, ma haine et mon amour.

CÉPHISE

1125 Hélas !

ANDROMAQUE

Ne me suis point, si ton cœur en alarmes
Prévoit qu'il ne pourra commander à tes larmes.
On vient. Cache tes pleurs, Céphise, et souviens-toi
Que le sort d'Andromaque est commis[2] à ta foi.
C'est Hermione. Allons, fuyons sa violence.

---

1. **Ont éclaté :** ont pris de l'éclat, ont acquis de la renommée.
2. **Commis :** confié.

Scène 2 Hermione, Cléone

Cléone

Non, je ne puis assez admirer ce silence.   1130
Vous vous taisez, Madame, et ce cruel mépris
N'a pas du moindre trouble agité vos esprits !
Vous soutenez en paix[1] une si rude attaque,
Vous qu'on voyait frémir au seul nom d'Andromaque ?
Vous qui sans désespoir ne pouviez endurer   1135
Que Pyrrhus d'un regard la voulût honorer ?
Il l'épouse ; il lui donne, avec son diadème,
La foi que vous venez de recevoir vous-même,
Et votre bouche encor, muette à tant d'ennui,
N'a pas daigné s'ouvrir pour se plaindre de lui ?   1140
Ah ! que je crains, Madame, un calme si funeste !
Et qu'il vaudrait bien mieux...

Hermione

            Fais-tu venir Oreste ?

Cléone

Il vient, Madame, il vient ; et vous pouvez juger
Que bientôt à vos pieds il allait se ranger.
Prêt à servir toujours sans espoir de salaire,   1145
Vos yeux ne sont que trop assurés de lui plaire.
Mais il entre.

---

1. **En paix** : calmement.

Scène 3 ORESTE, HERMIONE, CLÉONE

ORESTE

Ah ! Madame, est-il vrai qu'une fois
Oreste en vous cherchant obéisse à vos lois ?
Ne m'a-t-on point flatté d'une fausse espérance ?
Avez-vous en effet souhaité ma présence ?
Croirai-je que vos yeux, à la fin désarmés,
Veulent...

HERMIONE

Je veux savoir, Seigneur, si vous m'aimez.

ORESTE

Si je vous aime ? Ô dieux ! Mes serments, mes parjures,
Ma fuite, mon retour, mes respects, mes injures,
Mon désespoir, mes yeux de pleurs toujours noyés,
Quels témoins croirez-vous, si vous ne les croyez ?

HERMIONE

Vengez-moi, je crois tout.

ORESTE

Hé bien ! Allons, Madame :
Mettons encore un coup toute la Grèce en flamme ;
Prenons, en signalant mon bras et votre nom,
Vous, la place d'Hélène, et moi, d'Agamemnon.
De Troie en ce pays réveillons les misères,
Et qu'on parle de nous ainsi que de nos pères.
Partons, je suis tout prêt.

HERMIONE

Non, Seigneur, demeurons :
Je ne veux pas si loin porter de tels affronts.
Quoi ! De mes ennemis couronnant l'insolence,
J'irais attendre ailleurs une lente vengeance,
Et je m'en remettrais au destin des combats,
Qui peut-être à la fin ne me vengerait pas ?
Je veux qu'à mon départ toute l'Épire pleure.

Mais, si vous me vengez, vengez-moi dans une heure.   1170
Tous vos retardements sont pour moi des refus.
Courez au temple. Il faut immoler...

ORESTE

Qui ?

HERMIONE

Pyrrhus.

ORESTE

Pyrrhus, Madame ?

HERMIONE

Hé quoi ! Votre haine chancelle ?
Ah ! courez, et craignez que je ne vous rappelle.
N'alléguez point des droits que je veux oublier ;   1175
Et ce n'est pas à vous à le justifier[1].

ORESTE

Moi, je l'excuserais ? Ah ! vos bontés, Madame,
Ont gravé trop avant ses crimes dans mon âme.
Vengeons-nous, j'y consens, mais par d'autres chemins.
Soyons ses ennemis, et non ses assassins.   1180
Faisons de sa ruine une juste conquête.
Quoi ! Pour réponse, aux Grecs porterai-je sa tête
Et n'ai-je pris sur moi le soin de tout l'État[2]
Que pour m'en acquitter par un assassinat ?
Souffrez, au nom des dieux, que la Grèce s'explique,   1185
Et qu'il meure chargé de la haine publique.
Souvenez-vous qu'il règne, et qu'un front couronné...

HERMIONE

Ne vous suffit-il pas que je l'ai condamné ?
Ne vous suffit-il pas que ma gloire offensée
Demande une victime à moi seule adressée ;   1190
Qu'Hermione est le prix d'un tyran opprimé ;
Que je le hais ; enfin, Seigneur, que je l'aimai ?

---

1. **À le justifier :** à trouver des excuses au comportement de Pyrrhus.
2. **Le soin de tout l'État :** Oreste représente la confédération grecque.

Je ne m'en cache point : l'ingrat m'avait su plaire,
Soit qu'ainsi l'ordonnât mon amour ou mon père,
1195 N'importe ; mais enfin réglez-vous là-dessus.
Malgré mes vœux, Seigneur, honteusement déçus,
Malgré la juste horreur que son crime me donne,
Tant qu'il vivra, craignez que je ne lui pardonne.
Doutez jusqu'à sa mort d'un courroux incertain :
1200 S'il ne meurt aujourd'hui, je puis l'aimer demain.

ORESTE

Hé bien ! Il faut le perdre, et prévenir sa grâce[1] ;
Il faut... Mais cependant que faut-il que je fasse ?
Comment puis-je si tôt servir votre courroux ?
Quel chemin jusqu'à lui peut conduire mes coups ?
1205 À peine suis-je encore arrivé dans l'Épire,
Vous voulez par mes mains renverser un empire ;
Vous voulez qu'un roi meure, et pour son châtiment
Vous ne donnez qu'un jour, qu'une heure, qu'un moment !
Aux yeux de tout son peuple il faut que je l'opprime !
1210 Laissez-moi vers l'autel conduire ma victime,
Je ne m'en défends plus ; et je ne veux qu'aller
Reconnaître la place où je dois l'immoler.
Cette nuit je vous sers, cette nuit je l'attaque.

HERMIONE

Mais cependant, ce jour, il épouse Andromaque !
1215 Dans le temple déjà le trône est élevé ;
Ma honte est confirmée, et son crime achevé.
Enfin qu'attendez-vous ? Il vous offre sa tête :
Sans gardes, sans défense, il marche à cette fête ;
Autour du fils d'Hector il les fait tous ranger ;
1220 Il s'abandonne au bras qui me voudra venger.
Voulez-vous malgré lui prendre soin de sa vie ?
Armez, avec vos Grecs, tous ceux qui m'ont suivie ;
Soulevez vos amis : tous les miens sont à vous.
Il me trahit, vous trompe, et nous méprise tous.

---

1. **Prévenir sa grâce :** agir avant qu'Hermione ne lui pardonne.

Mais quoi ? Déjà leur haine est égale à la mienne :   ₁₂₂₅
Elle épargne à regret l'époux d'une Troyenne.
Parlez : mon ennemi ne vous peut échapper,
Ou plutôt il ne faut que les laisser frapper.
Conduisez ou suivez une fureur si belle ;
Revenez tout couvert du sang de l'infidèle ;   ₁₂₃₀
Allez : en cet état soyez sûr de mon cœur.

ORESTE

Mais, Madame, songez...

HERMIONE

              Ah ! c'en est trop, Seigneur.
Tant de raisonnements offensent ma colère.
J'ai voulu vous donner les moyens de me plaire,
Rendre Oreste content ; mais enfin je vois bien   ₁₂₃₅
Qu'il veut toujours se plaindre et ne mériter rien.
Partez : allez ailleurs vanter votre constance,
Et me laissez ici le soin de ma vengeance.
De mes lâches bontés mon courage est confus,
Et c'est trop en un jour essuyer de refus.   ₁₂₄₀
Je m'en vais seule au temple, où leur hymen s'apprête,
Où vous n'osez aller mériter ma conquête.
Là, de mon ennemi je saurai m'approcher :
Je percerai le cœur que je n'ai pu toucher,
Et mes sanglantes mains, sur moi-même tournées,   ₁₂₄₅
Aussitôt, malgré lui, joindront nos destinées ;
Et, tout ingrat qu'il est, il me sera plus doux
De mourir avec lui que de vivre avec vous.

ORESTE

Non, je vous priverai de ce plaisir funeste,
Madame : il ne mourra que de la main d'Oreste.   ₁₂₅₀
Vos ennemis par moi vont vous être immolés,
Et vous reconnaîtrez mes soins, si vous voulez.

HERMIONE

Allez. De votre sort laissez-moi la conduite,
Et que tous vos vaisseaux soient prêts pour notre fuite.

97

Scène 4 Hermione, Cléone

Cléone

1255 Vous vous perdez, Madame ; et vous devez songer...

Hermione

Que je me perde ou non, je songe à me venger.
Je ne sais même encor, quoi qu'il m'ait pu promettre,
Sur d'autres que sur moi si je dois m'en remettre.
Pyrrhus n'est pas coupable à ses yeux comme aux miens,
1260 Et je tiendrais mes coups bien plus sûrs que les siens.
Quel plaisir de venger moi-même mon injure,
De retirer mon bras teint du sang du parjure,
Et, pour rendre sa peine et mes plaisirs plus grands,
De cacher ma rivale à ses regards mourants !
1265 Ah ! si du moins Oreste, en punissant son crime,
Lui laissait le regret de mourir ma victime !
Va le trouver : dis-lui qu'il apprenne à l'ingrat
Qu'on l'immole à ma haine, et non pas à l'État.
Chère Cléone, cours. Ma vengeance est perdue
1270 S'il ignore en mourant que c'est moi qui le tue.

Cléone

Je vous obéirai. Mais qu'est-ce que je vois ?
Ô dieux ! qui l'aurait cru, Madame ? C'est le Roi !

Hermione

Ah ! cours après Oreste ; et dis-lui, ma Cléone,
Qu'il n'entreprenne rien sans revoir Hermione.

Scène 5 PYRRHUS, HERMIONE, PHŒNIX

PYRRHUS

Vous ne m'attendiez pas, Madame ; et je vois bien   1275
Que mon abord[1] ici trouble votre entretien.
Je ne viens point, armé d'un indigne artifice,
D'un voile d'équité couvrir mon injustice ;
Il suffit que mon cœur me condamne tout bas ;
Et je soutiendrais mal ce que je ne crois pas.   1280
J'épouse une Troyenne. Oui, Madame, et j'avoue
Que je vous ai promis la foi que je lui voue.
Un autre vous dirait que dans les champs troyens
Nos deux pères sans nous formèrent ces liens,
Et que, sans consulter ni mon choix ni le vôtre,   1285
Nous fûmes sans amour engagés l'un à l'autre ;
Mais c'est assez pour moi que je me sois soumis.
Par mes ambassadeurs mon cœur vous fut promis ;
Loin de les révoquer, je voulus y souscrire[2].
Je vous vis avec eux arriver en Épire ;   1290
Et quoique d'un autre œil l'éclat victorieux
Eût déjà prévenu le pouvoir de vos yeux,
Je ne m'arrêtai point à cette ardeur nouvelle :
Je voulus m'obstiner à vous être fidèle,
Je vous reçus en reine ; et jusques à ce jour   1295
J'ai cru que mes serments me tiendraient lieu d'amour.
Mais cet amour l'emporte ; et, par un coup funeste,
Andromaque m'arrache un cœur qu'elle déteste.
L'un par l'autre entraînés, nous courons à l'autel
Nous jurer, malgré nous, un amour immortel.   1300
Après cela, Madame, éclatez[3] contre un traître,
Qui l'est avec douleur, et qui pourtant veut l'être.

---

1. **Abord :** arrivée.
2. **Souscrire :** donner son accord.
3. **Éclatez :** exprimez-vous avec violence.

Pour moi, loin de contraindre[1] un si juste courroux,
Il me soulagera peut-être autant que vous.
1305 Donnez-moi tous les noms destinés aux parjures :
Je crains votre silence, et non pas vos injures ;
Et mon cœur, soulevant mille secrets témoins,
M'en dira d'autant plus que vous m'en direz moins.

HERMIONE

Seigneur, dans cet aveu dépouillé d'artifice,
1310 J'aime à voir que du moins vous vous rendiez justice,
Et que, voulant bien rompre un nœud si solennel,
Vous vous abandonniez au crime en criminel.
Est-il juste, après tout, qu'un conquérant s'abaisse
Sous la servile loi de garder sa promesse ?
1315 Non, non, la perfidie a de quoi vous tenter,
Et vous ne me cherchez que pour vous en vanter.
Quoi ! Sans que ni serment ni devoir vous retienne,
Rechercher une Grecque, amant d'une Troyenne ?
Me quitter, me reprendre, et retourner encor
1320 De la fille d'Hélène à la veuve d'Hector ?
Couronner tout à tour l'esclave et la princesse,
Immoler Troie aux Grecs, au fils d'Hector la Grèce ?
Tout cela part d'un cœur toujours maître de soi,
D'un héros qui n'est point esclave de sa foi.
1325 Pour plaire à votre épouse, il vous faudrait peut-être
Prodiguer les doux noms de parjure et de traître.
Vous veniez de mon front observer la pâleur,
Pour aller dans ses bras rire de ma douleur.
Pleurante après son char vous voulez qu'on me voie ;
1330 Mais, Seigneur, en un jour ce serait trop de joie ;
Et sans chercher ailleurs des titres empruntés,
Ne vous suffit-il pas de ceux que vous portez ?
Du vieux père d'Hector la valeur abattue
Aux pieds de sa famille expirante à sa vue,
1335 Tandis que dans son sein votre bras enfoncé
Cherche un reste de sang que l'âge avait glacé ;

---

1. **Contraindre :** réprimer.

Dans des ruisseaux de sang Troie ardente plongée ;
De votre propre main Polyxène[1] égorgée
Aux yeux de tous les Grecs indignés contre vous :
Que peut-on refuser à ces généreux coups ?   1340

PYRRHUS

Madame, je sais trop à quel excès de rage
La vengeance d'Hélène emporta mon courage.
Je puis me plaindre à vous du sang que j'ai versé ;
Mais enfin je consens d'oublier le passé.
Je rends grâces au ciel que votre indifférence   1345
De mes heureux soupirs m'apprenne l'innocence.
Mon cœur, je le vois bien, trop prompt à se gêner,
Devait mieux vous connaître et mieux s'examiner.
Mes remords vous faisaient une injure mortelle ;
Il faut se croire aimé pour se croire infidèle.   1350
Vous ne prétendiez point m'arrêter dans vos fers :
Je crains de vous trahir, peut-être je vous sers.
Nos cœurs n'étaient point faits dépendants l'un de l'autre ;
Je suivais mon devoir, et vous cédiez au vôtre.
Rien ne vous engageait à m'aimer en effet.   1355

HERMIONE

Je ne t'ai point aimé, cruel ? Qu'ai-je donc fait ?
J'ai dédaigné pour toi les vœux de tous nos princes ;
Je t'ai cherché moi-même au fond de tes provinces ;
J'y suis encor, malgré tes infidélités,
Et malgré tous mes Grecs honteux de mes bontés.   1360
Je leur ai commandé de cacher mon injure[2] ;
J'attendais en secret le retour d'un parjure ;
J'ai cru que tôt ou tard, à ton devoir rendu,
Tu me rapporterais un cœur qui m'était dû.
Je t'aimais inconstant ; qu'aurais-je fait fidèle[3] ?   1365
Et même en ce moment où ta bouche cruelle

---

1. **Polyxène :** fille de Priam et d'Hécube, et donc sœur d'Hector. Achille l'avait aimée, et avait pensé trahir les Grecs pour cet amour.
2. **Mon injure :** l'injure (c'est-à-dire l'offense) que j'ai subie.
3. **Qu'aurais-je fait fidèle :** combien t'aurais-je aimé si tu avais été fidèle.

Vient si tranquillement m'annoncer le trépas,
Ingrat, je doute encor si je ne t'aime pas.
Mais, Seigneur, s'il le faut, si le ciel en colère
1370 Réserve à d'autres yeux la gloire de vous plaire,
Achevez votre hymen, j'y consens. Mais du moins
Ne forcez pas mes yeux d'en être les témoins.
Pour la dernière fois je vous parle peut-être :
Différez-le d'un jour ; demain vous serez maître.
1375 Vous ne répondez point ? Perfide, je le vois,
Tu comptes les moments que tu perds avec moi !
Ton cœur, impatient de revoir ta Troyenne,
Ne souffre qu'à regret qu'un autre t'entretienne.
Tu lui parles du cœur, tu la cherches des yeux.
1380 Je ne te retiens plus, sauve-toi de ces lieux :
Va lui jurer la foi que tu m'avais jurée,
Va profaner des dieux la majesté sacrée.
Ces dieux, ces justes dieux n'auront pas oublié
Que les mêmes serments avec moi t'ont lié.
1385 Porte aux pieds des autels ce cœur qui m'abandonne ;
Va, cours. Mais crains encor d'y trouver Hermione.

Scène 6 Pyrrhus, Phœnix

PHŒNIX

Seigneur, vous entendez. Gardez de négliger
Une amante en fureur qui cherche à se venger.
Elle n'est en ces lieux que trop bien appuyée :
1390 La querelle[1] des Grecs à la sienne est liée ;
Oreste l'aime encore ; et peut-être à ce prix...

PYRRHUS

Andromaque m'attend. Phœnix, garde son fils.

---

1. **La querelle** : la cause.

Illustration pour *Andromaque*, acte IV, scène 5.
Gravure d'après un dessin de Girodet-Trioson.

Clefs d'analyse
Acte IV, scènes 1 à 6.

Compréhension

Information
- Observer comment Andromaque dévoile son dessein (scène 1).
- Relever les signes prémonitoires d'une catastrophe tout au long de l'acte.

Langage
- Relever les termes réalistes dans le résumé de Cléone (scène 2).
- Analyser le ton d'Hermione réclamant la mort de Pyrrhus (scène 3).

Réflexion

Portraits
- Dans la tirade d'Andromaque (vers 1102-1124), étudier les composantes de ce caractère : amour maternel, fidélité, noblesse d'âme, lucidité et intelligence.
- Discuter le portrait qu'Andromaque dresse de Pyrrhus (scène 1).

La déclaration
- Analyser la déclaration d'Hermione à Pyrrhus (IV, 5). Expliquer le rôle de l'invective et de l'irruption de termes réalistes au sein du langage précieux.

À retenir :

La psychologie est une étude scientifique des phénomènes de l'esprit. L'auteur dramatique, qui propose sur scène un caractère complet, cherche à bâtir un personnage cohérent : les mouvements de l'âme doivent respecter des données psychologiques décelables dès l'apparition du héros. La nécessité de maintenir le spectateur en haleine, la tentation de surprendre à tout prix s'opposent parfois à cette cohérence. Chez Racine, les péripéties proviennent de la psychologie des protagonistes plus que d'événements extérieurs. Tous les mouvements de la pièce sont liés aux caractères : les revirements de Pyrrhus entraînent une cascade d'événements liés aux réactions des autres personnages.

Synthèse Acte IV.

Révolte ou résignation

Personnages

La violence verbale d'Hermione

Les mêmes personnages qui avaient clos l'acte III entrent en scène à l'acte IV. Andromaque a consulté un grand absent, le défunt Hector. Sa piété est un des moteurs de l'action. Elle s'oppose à l'impiété de Pyrrhus (qui bafoue les liens du mariage autant que sa parole royale) et à celle d'Hermione, méprisant les douleurs maternelles et les façons troyennes.

Le suicide annoncé d'Andromaque se présente comme une solution d'apaisement des conflits. Même Céphise ne s'y trompe pas : elle n'argumente pas pour détourner sa maîtresse de ce projet. Il en va tout autrement pour Hermione. Son refus de se résigner à la perte de Pyrrhus est au fond le seul obstacle à une solution. La fille d'Hélène est entrée dans une fureur annonciatrice de violences. Cette révolte, fondée autant sur la haine que sur l'amour, s'exprime en termes guerriers et rageurs, qui contrastent avec le ton élégiaque d'Andromaque. Tandis que celle-ci organise le futur en confiant Astyanax à Céphise et à Pyrrhus, Hermione vit dans l'instant. Elle refuse d'envisager un futur sans Pyrrhus. L'unique rencontre entre Pyrrhus et Hermione fait craquer le vernis de politesse ; la passion déborde : *Je ne t'ai point aimé, cruel ? Qu'ai-je donc fait ?*

L'homme, dans l'acte IV, suit les ordres de la femme aimée. Oreste argumente contre les envies meurtrières d'Hermione, mais cède finalement. Pyrrhus tente de faire preuve d'honnêteté en venant s'excuser auprès d'Hermione mais, la scène s'étirant en longueur, son esprit retourne à Andromaque. Cette incursion maladroite de la raison chez les deux hommes ne fait qu'envenimer la situation.

Synthèse

Langage

Lyrisme et élégie

Le lyrisme est une forme d'expression poétique. Il s'attache à la description de sentiments personnels qui visent à toucher l'ensemble des lecteurs ou spectateurs par l'universalité des thèmes exposés. L'élégie, poème lyrique, exprime la plainte, la souffrance, sur un ton nostalgique, mélancolique. Loin de toute révolte contre un sort douloureux, elle décrit un sentiment de regret et d'abandon. L'usage des champs lexicaux de la nuit, de la mort et de la souffrance crée une atmosphère poétique propre au recueillement. Cette forme est souvent, à l'origine, accompagnée d'une musique triste et lente, comme une déploration devant un tombeau.

On note que le langage élégiaque ne recherche pas des tournures rares et des termes ampoulés. La tristesse s'exprime par de simples interjections : *Hélas ! pour la promettre est-elle encore à moi ? / Ô cendres d'un époux ! ô Troyens ! ô mon père ! / Ô mon fils, que tes jours coûtent cher à ta mère !* La simplicité des mots crée des impressions fortes, dénuées d'artifice : *Et quelquefois aussi parle-lui de sa mère.* Ce style cherche des expressions concises, des raccourcis audacieux : *Et pour ce reste enfin j'ai moi-même en un jour / Sacrifié mon sang, ma haine et mon amour.*

L'orgueil et l'égoïsme sont totalement absents de ces plaintes dans l'acte IV. Andromaque clame son humilité ; elle demande à Céphise de donner une éducation « modeste » à Astyanax, et ne revendique rien pour elle-même. En attribuant l'usage de ce registre à ce seul personnage, Racine place Andromaque au-dessus des autres héros.

ACTE V
Scène 1 HERMIONE, *seule.*

HERMIONE

Où suis-je ? Qu'ai-je fait ? Que dois-je faire encore ?
Quel transport me saisit ? Quel chagrin me dévore ?
Errante et sans dessein je cours dans ce palais.   1395
Ah ! ne puis-je savoir si j'aime ou si je hais ?
Le cruel ! de quel œil il m'a congédiée !
Sans pitié, sans douleur au moins étudiée[1] !
L'ai-je vu se troubler et me plaindre un moment ?
En ai-je pu tirer un seul gémissement ?   1400
Muet à mes soupirs, tranquille à mes alarmes,
Semblait-il seulement qu'il eût part à mes larmes ?
Et je le plains encore ! Et, pour comble d'ennui,
Mon cœur, mon lâche cœur s'intéresse pour lui !
Je tremble au seul penser du coup qui le menace,   1405
Et, prête à me venger, je lui fais déjà grâce.
Non, ne révoquons point l'arrêt de mon courroux :
Qu'il périsse ! Aussi bien il ne vit plus pour nous.
Le perfide triomphe et se rit de ma rage ;
Il pense voir en pleurs dissiper cet orage ;   1410
Il croit que, toujours faible et d'un cœur incertain,
Je parerai d'un bras les coups de l'autre main.
Il juge encor de moi par mes bontés passées.
Mais plutôt le perfide a bien d'autres pensées.
Triomphant dans le temple, il ne s'informe pas   1415
Si l'on souhaite ailleurs sa vie ou son trépas.
Il me laisse, l'ingrat ! cet embarras funeste.
Non, non, encore un coup, laissons agir Oreste.
Qu'il meure, puisque enfin il a dû le prévoir,
Et puisqu'il m'a forcée enfin à le vouloir…   1420
À le vouloir ? Hé quoi ! c'est donc moi qui l'ordonne ?

---

1. **Étudiée :** simulée.

Sa mort sera l'effet de l'amour d'Hermione ?
Ce prince, dont mon cœur se faisait autrefois
Avec tant de plaisir redire les exploits,
1425 À qui même en secret je m'étais destinée
Avant qu'on eût conclu ce fatal hyménée,
Je n'ai donc traversé tant de mers, tant d'États,
Que pour venir si loin préparer son trépas,
L'assassiner, le perdre ? Ah ! devant[1] qu'il expire...

Scène 2 HERMIONE, CLÉONE

HERMIONE

1430 Ah ! qu'ai-je fait, Cléone ? Et que viens-tu me dire ?
Que fait Pyrrhus ?

CLÉONE

        Il est au comble de ses vœux,
Le plus fier des mortels et le plus amoureux.
Je l'ai vu vers le temple, où son hymen s'apprête,
Mener en conquérant sa nouvelle conquête,
1435 Et, d'un œil où brillaient sa joie et son espoir,
S'enivrer en marchant du plaisir de la voir.
Andromaque, au travers de mille cris de joie,
Porte jusqu'aux autels le souvenir de Troie :
Incapable toujours d'aimer et de haïr,
1440 Sans joie et sans murmure elle semble obéir.

HERMIONE

Et l'ingrat ? jusqu'au bout il a poussé l'outrage ?
Mais as-tu bien, Cléone, observé son visage ?
Goûte-t-il des plaisirs tranquilles et parfaits ?
N'a-t-il point détourné ses yeux vers le palais ?
1445 Dis-moi, ne t'es-tu point présentée à sa vue ?

---

1. **Devant :** avant.

L'ingrat a-t-il rougi lorsqu'il t'a reconnue ?
Son trouble avouait-il son infidélité ?
A-t-il jusqu'à la fin soutenu sa fierté ?

CLÉONE

Madame, il ne voit rien : son salut et sa gloire
Semblent être avec vous sortis de sa mémoire.   1450
Sans songer qui le suit, ennemis ou sujets,
Il poursuit seulement ses amoureux projets.
Autour du fils d'Hector il a rangé sa garde,
Et croit que c'est lui seul que le péril regarde.
Phœnix même en répond[1], qui l'a conduit exprès   1450
Dans un fort éloigné du temple et du palais.
Voilà, dans ses transports, le seul soin qui lui reste.

HERMIONE

Le perfide ! Il mourra. Mais que t'a dit Oreste ?

CLÉONE

Oreste avec ses Grecs dans le temple est entré.

HERMIONE

Hé bien ! à me venger n'est-il pas préparé ?   1455

CLÉONE

Je ne sais.

HERMIONE

      Tu ne sais ? Quoi donc ? Oreste encore,
Oreste me trahit ?

CLÉONE

      Oreste vous adore.
Mais de mille remords son esprit combattu
Croit tantôt son amour et tantôt sa vertu.
Il respecte en Pyrrhus l'honneur du diadème ;   1460
Il respecte en Pyrrhus Achille et Pyrrhus même ;
Il craint la Grèce, il craint l'univers en courroux,
Mais il se craint, dit-il, soi-même[2] plus que tous.

---

1. **En répond** : en a la responsabilité.
2. **Soi-même** : lui-même.

Il voudrait en vainqueur vous apporter sa tête :
1470 Le seul nom d'assassin l'épouvante et l'arrête.
Enfin il est entré, sans savoir dans son cœur
S'il en devait sortir coupable ou spectateur.

HERMIONE

Non, non, il les verra triompher sans obstacle ;
Il se gardera bien de troubler ce spectacle.
1475 Je sais de quels remords son courage est atteint :
Le lâche craint la mort, et c'est tout ce qu'il craint.
Quoi ! sans qu'elle employât une seule prière,
Ma mère en sa faveur arma la Grèce entière ?
Ses yeux, pour leur querelle, en dix ans de combats,
1480 Virent périr vingt rois qu'ils ne connaissaient pas ?
Et moi, je ne prétends[1] que la mort d'un parjure,
Et je charge un amant du soin de mon injure ;
Il peut me conquérir à ce prix, sans danger ;
Je me livre moi-même, et ne puis me venger ?
1485 Allons : c'est à moi seule à me rendre justice.
Que de cris de douleur le temple retentisse ;
De leur hymen fatal troublons l'événement,
Et qu'ils ne soient unis, s'il se peut, qu'un moment.
Je ne choisirai point dans ce désordre extrême :
1490 Tout me sera Pyrrhus, fût-ce Oreste lui-même.
Je mourrai ; mais au moins ma mort me vengera,
Je ne mourrai pas seule, et quelqu'un me suivra.

Scène 3 ORESTE, HERMIONE, CLÉONE

ORESTE

Madame, c'en est fait, et vous êtes servie :
Pyrrhus rend à l'autel son infidèle vie.

HERMIONE

1495 Il est mort ?

---

1. **Prétends :** réclame.

ORESTE

Il expire ; et nos Grecs irrités
Ont lavé dans son sang ses infidélités.
Je vous l'avais promis ; et quoique mon courage
Se fît de ce complot une funeste image,
J'ai couru vers le temple, où nos Grecs dispersés
Se sont jusqu'à l'autel dans la foule glissés.   1500
Pyrrhus m'a reconnu. Mais sans changer de face[1],
Il semblait que ma vue excitât son audace,
Que tous les Grecs, bravés en leur ambassadeur[2],
Dussent de son hymen relever la splendeur.
Enfin, avec transport prenant son diadème,   1505
Sur le front d'Andromaque il l'a posé lui-même :
« Je vous donne, a-t-il dit, ma couronne et ma foi,
Andromaque ; régnez sur l'Épire et sur moi.
Je voue à votre fils une amitié de père ;
J'en atteste les dieux, je le jure à sa mère.   1510
Pour tous mes ennemis je déclare les siens[3],
Et je le reconnais pour le roi des Troyens. »
À ces mots, qui du peuple attiraient le suffrage,
Nos Grecs n'ont répondu que par un cri de rage ;
L'infidèle[4] s'est vu partout envelopper[5],   1515
Et je n'ai pu trouver de place pour frapper.
Chacun se disputait la gloire de l'abattre.
Je l'ai vu dans leurs mains quelque temps se débattre,
Tout sanglant à leurs coups vouloir se dérober ;
Mais enfin à l'autel il est allé tomber.   1520
Du peuple épouvanté j'ai traversé la presse[6]
Pour venir de ces lieux enlever ma Princesse,

---

1. **De face :** d'expression.
2. **En leur ambassadeur :** en la personne de leur ambassadeur.
3. **Pour tous mes ennemis [...] les siens :** les ennemis d'Astyanax seront désormais les miens.
4. **L'infidèle :** le mot a le sens très fort de « parjure ».
5. **Envelopper :** encercler.
6. **La presse :** la bousculade, la foule compacte.

Et regagner le port, où bientôt nos amis
Viendront couverts du sang que je vous ai promis.

HERMIONE

1525 Qu'ont-ils fait !

ORESTE

Pardonnez à leur impatience :
Ils ont, je le vois bien, trahi votre vengeance.
Vous vouliez que ma main portât les premiers coups,
Qu'il sentît en mourant qu'il expirait pour vous ;
Mais c'est moi dont l'ardeur leur a servi d'exemple :
1530 Je les ai pour vous seule entraînés dans le temple,
Madame ; et vous pouvez justement vous flatter
D'une mort que leurs bras n'ont fait qu'exécuter.
Vous seule avez poussé les coups...

HERMIONE

Tais-toi, perfide,
Et n'impute qu'à toi ton lâche parricide[1].
1535 Va faire chez tes Grecs admirer ta fureur,
Va, je la désavoué, et tu me fais horreur.
Barbare, qu'as-tu fait ? Avec quelle furie
As-tu tranché le cours d'une si belle vie !
Avez-vous pu, cruels, l'immoler aujourd'hui,
1540 Sans que tout votre sang se soulevât pour lui ?
Mais parle : de son sort qui t'a rendu l'arbitre ?
Pourquoi l'assassiner ? Qu'a-t-il fait ? À quel titre ?
Qui te l'a dit ?

ORESTE

Ô dieux ! Quoi ? ne m'avez-vous pas
Vous-même, ici, tantôt, ordonné son trépas ?

HERMIONE

1545 Ah ! fallait-il en croire une amante insensée ?
Ne devais-tu pas lire au fond de ma pensée ?
Et ne voyais-tu pas dans mes emportements

---

1. **Parricide** : le meurtre d'un roi est assimilé à celui d'un père.

Que mon cœur démentait ma bouche à tous moments ?
Quand je l'aurais voulu, fallait-il y souscrire ?
N'as-tu pas dû cent fois te le faire redire ?   1550
Toi-même avant le coup me venir consulter,
Y revenir encore, ou plutôt m'éviter ?
Que ne me laissais-tu le soin de ma vengeance !
Qui t'amène en des lieux où l'on fuit ta présence ?
Voilà de ton amour le détestable fruit :   1555
Tu m'apportais, cruel, le malheur qui te suit.
C'est toi dont l'ambassade, à tous les deux fatale,
L'a fait pour son malheur pencher vers ma rivale.
Nous le verrions encor nous partager ses soins[1] ;
Il m'aimerait peut-être ; il le feindrait du moins.   1560
Adieu. Tu peux partir. Je demeure en Épire :
Je renonce à la Grèce, à Sparte, à son empire,
À toute ma famille ; et c'est assez pour moi,
Traître, qu'elle ait produit un monstre comme toi.

Scène 4 ORESTE, *seul.*

ORESTE

Que vois-je ? Est-ce Hermione ? Et que viens-je d'entendre ?   1565
Pour qui coule le sang que je viens de répandre ?
Je suis, si je l'en crois, un traître, un assassin.
Est-ce Pyrrhus qui meurt ? Et suis-je Oreste enfin ?
Quoi ! j'étouffe en mon cœur la raison qui m'éclaire ;
J'assassine à regret un roi que je révère ;   1570
Je viole en un jour les droits des souverains,
Ceux des ambassadeurs, et tous ceux des humains,
Ceux même des autels où ma fureur l'assiège :
Je deviens parricide, assassin, sacrilège.

---

1. **Ses soins :** ses attentions.

1575 Pour qui ? pour une ingrate à qui je le promets,
Qui même, s'il ne meurt, ne me verra jamais,
Dont j'épouse la rage. Et quand je l'ai servie,
Elle me redemande et son sang et sa vie !
Elle l'aime ! Et je suis un monstre furieux !
1580 Je la vois pour jamais s'éloigner de mes yeux !
Et l'ingrate, en fuyant, me laisse pour salaire
Tous les noms odieux que j'ai pris pour lui plaire !

Scène 5 ORESTE, PYLADE, SOLDATS D'ORESTE

PYLADE

Il faut partir, Seigneur. Sortons de ce palais,
Ou bien résolvons-nous de n'en sortir jamais.
1585 Nos Grecs pour un moment en défendent la porte.
Tout le peuple assemblé nous poursuit à main forte.
Aux ordres d'Andromaque ici tout est soumis :
Ils la traitent en reine, et nous comme ennemis.
Andromaque elle-même, à Pyrrhus si rebelle,
1590 Lui rend tous les devoirs d'une veuve fidèle,
Commande qu'on le venge, et peut-être sur nous
Veut venger Troie encore et son premier époux.
Allons. N'attendons pas que l'on nous environne :
Nos Grecs nous rejoindront ; et tandis qu'Hermione
1595 Tient encore le peuple autour d'elle arrêté,
Voilà notre chemin, sortons en sûreté.

ORESTE

Non, non, c'est Hermione, amis, que je veux suivre.
À son dernier arrêt je ne puis plus survivre.
Partez : j'ai fait le crime, et je vais l'expier.

PYLADE

1600 Hermione, Seigneur ? Il la faut oublier.
Quoi ! Toujours l'instrument et l'objet de sa rage,

Cherchez-vous chez les morts quelque nouvel outrage
Et parce qu'elle meurt, faut-il que vous mouriez ?

ORESTE

Elle meurt ? Dieux ! Qu'entends-je ?

PYLADE

Eh quoi ! vous l'ignoriez ?
En rentrant dans ces lieux nous l'avons rencontrée   1605
Qui courait vers le temple, inquiète, égarée[1].
Elle a trouvé Pyrrhus porté sur des soldats
Que son sang excitait à venger son trépas.
Sans doute à cet objet[2] sa rage s'est émue.
Mais du haut de la porte enfin nous l'avons vue,   1610
Un poignard à la main, sur Pyrrhus se courber,
Lever les yeux au ciel, se frapper et tomber.

ORESTE

Grâce aux dieux ! Mon malheur passe[3] mon espérance :
Oui, je te loue, ô ciel, de ta persévérance.
Appliqué sans relâche au soin de me punir,   1615
Au comble des douleurs tu m'as fait parvenir.
Ta haine a pris plaisir à former ma misère[4] ;
J'étais né pour servir d'exemple à ta colère,
Pour être du malheur un modèle accompli.
Hé bien ! je meurs content, et mon sort est rempli.   1620
Où sont ces deux amants ? Pour couronner ma joie,
Dans leur sang, dans le mien, il faut que je me noie ;
L'un et l'autre en mourant je les veux regarder.
Réunissons trois cœurs qui n'ont pu s'accorder...
Mais quelle épaisse nuit tout à coup m'environne ?   1625
De quel côté sortir ? D'où vient que je frissonne ?
Quelle horreur me saisit ? Grâce au ciel, j'entrevois...
Dieux ! quels ruisseaux de sang coulent autour de moi !

---

1. **Égarée :** ayant perdu la raison.
2. **Cet objet :** cette vue.
3. **Passe :** dépasse.
4. **Ma misère :** mon malheur.

PYLADE

Ah ! Seigneur.

ORESTE

                   Quoi ! Pyrrhus, je te rencontre encore ?
1630 Trouverai-je partout un rival que j'abhorre[1] ?
Percé de tant de coups, comment t'es-tu sauvé ?
Tiens, tiens, voilà le coup que je t'ai réservé.
Mais que vois-je ? À mes yeux Hermione l'embrasse[2] ?
Elle vient l'arracher au coup qui le menace ?
1635 Dieux ! quels affreux regards elle jette sur moi !
Quels démons, quels serpents traîne-t-elle après soi ?
Hé bien ! filles d'enfer[3], vos mains sont-elles prêtes ?
Pour qui sont ces serpents qui sifflent sur vos têtes ?
À qui destinez-vous l'appareil qui vous suit ?
1640 Venez-vous m'enlever dans l'éternelle nuit ?
Venez, à vos fureurs Oreste s'abandonne.
Mais non, retirez-vous, laissez faire Hermione :
L'ingrate mieux que vous saura me déchirer ;
Et je lui porte enfin mon cœur à dévorer.

PYLADE

1645 Il perd le sentiment[4]. Amis, le temps nous presse :
Ménageons[5] les moments que ce transport nous laisse.
Sauvons-le. Nos efforts deviendraient impuissants
S'il reprenait ici sa rage avec ses sens.

---

1. **Que j'abhorre :** que je hais.
2. **L'embrasse :** l'entoure de ses bras.
3. **Filles d'enfer :** les Furies, déesses de la Vengeance ("Érynies" dans la mythologie grecque). Leurs cheveux sont des serpents.
4. **Il perd le sentiment :** il s'évanouit.
5. **Ménageons :** utilisons à profit.

Clefs d'analyse

Acte V, scènes 1 à 5.

Compréhension

Le monologue

- Dans le monologue d'Hermione (scène 1), relever les antithèses et montrer les mouvements entre haine et amour.
- Relever, dans le monologue d'Oreste (scène 4), les interrogations que le héros porte sur lui-même.

Le récit

- Relever, dans le récit de Cléone (V, 2), les éléments narratifs.
- Relever les termes réalistes dans les récits d'Oreste (V, 3) et de Pylade (V, 5).
- Relever le vocabulaire lié au sang, à la violence et à la mort (V, 3).

Réflexion

Folie

- Analyser, dans les textes d'Hermione et d'Oreste, les indices de la défaite de la raison.

Fatalité

- Comparer le résumé qu'Hermione fait des conséquences de l'ambassade d'Oreste (V, 3), et celui d'Oreste lui-même (V, 4).
- Analyser la dernière tirade d'Oreste. Comment le thème de la fatalité, qui avait ouvert la tragédie, vient-il clore celle-ci ?

À retenir :

Après l'exposition et les péripéties, ou « nœuds », la pièce s'achève sur un dénouement : tous les événements amorcés doivent connaître une fin en accord avec les principes de la tragédie. Les personnages qui se sont réjouis du malheur d'autrui et ont trop vivement clamé leur victoire, tels Hermione, sont coupables d'« ubris », terme grec désignant un orgueil impie. D'autres, comme Pyrrhus, ont ignoré le malheur des victimes de leur égoïsme. La sentence, dans ces deux cas, est la mort. Oreste, coupable à demi, victime de la fatalité, perd la raison.

Synthèse Acte V.

Le paroxysme des passions

Personnages

Deux personnages basculent dans la folie

Ni Andromaque ni Pyrrhus n'apparaissent dans cet acte ultime, mais la cérémonie qui se déroule hors scène leur donne une importance capitale : les mouvements d'Hermione, d'Oreste, de Cléone et de Pylade tissent un lien permanent avec la célébration du mariage. Nous guettons avec angoisse si la veuve d'Hector se suicidera effectivement ; nous frémissons pour Pyrrhus qui, menacé de meurtre, ne pense qu'à son bonheur. Leur présence sur scène n'est plus une nécessité dramatique ; leur absence renforce l'inquiétude.

L'acte V donne à Hermione et à Oreste deux grands monologues, redoutables pour les comédiens à cause de la tension extrême. Tout ce que Racine avait placé jusque-là dans leurs bouches est poussé au paroxysme. Hermione subit un véritable dédoublement de personnalité. Elle ne peut concilier la princesse humiliée qui a exigé d'Oreste la tête du roi, et l'amoureuse passionnée qui ne respire que pour Pyrrhus. Il s'ensuit un texte morcelé, haché, contradictoire. Le célèbre « Qui te l'a dit ? » reflète l'approche clinique de Racine dans sa description d'une schizophrène. La fatalité, légèrement en retrait depuis deux actes au bénéfice des mouvements psychologiques des héros, redevient un rouage majeur, dépassant les projets des protagonistes. Oreste, le plus lucide des trois amoureux, est proprement détruit par cette malédiction. Lui aussi en vient à douter de ses sens, de son existence même : *Que vois-je ? Est-ce Hermione ? Et que viens-je d'entendre ? / [...] et suis-je Oreste enfin ?* Un des grands plaisirs de la tragédie, plaisir morbide mais réel, est de voir s'avancer, inexorable, le dénouement sanglant qui broie un à un les personnages.

Synthèse Acte V.

Langage

Le monologue tragique

Le monologue se fonde sur une convention théâtrale : le personnage, seul sur scène, parle tout haut pour exprimer les mouvements de sa pensée. Aucun partenaire ne vient rendre cette situation réaliste (il arrive que cet artifice soit remis en question par un dialogue direct avec le public, comme un aparté, mais pas dans une tragédie).

L'absence de dialogue permet à l'auteur d'installer une autre forme de discours : le personnage converse avec... lui-même. Il s'agit d'exprimer un conflit intérieur. Faisant questions et réponses, alternant mouvements de passion et pauses de réflexion, le héros est vu dans un état d'instabilité, qui doit beaucoup au jeu du comédien. Les indications de mouvements physiques, par exemple dans le texte d'Hermione (*Où suis-je ?... / Errante et sans dessein je cours dans ce palais*) reflètent une âme dérangée, perdue. La comédienne met en valeur le rythme haché, les nombreuses questions, les brusques interruptions, les impératifs singuliers ou pluriels, les répétitions : *...il m'a forcée enfin à le vouloir. / À le vouloir ? Hé quoi ?*

Un tel morceau de bravoure est nécessairement un sommet de l'action dramatique. Il prépare le spectateur à de nouveaux événements qui se déroulent hors scène. Le monologue a suspendu le temps de l'action ; il a également imposé la solitude fondamentale du héros tragique.

Le monologue d'Oreste (V, 4) est à nouveau une suspension du récit, mais différente. Nous savons que le temps presse et qu'Oreste est attendu ; le héros meurtri se lance dans un ultime monologue, qui résume la situation. Racine retient le temps une dernière fois, ce qui permet l'enchaînement de deux conséquences : l'une, réaliste, donner à Hermione le temps de se tuer sur le corps de Pyrrhus ; l'autre, psychologique, voir basculer Oreste de la lucidité totale à la folie dans la scène suivante.

Michel Baron dans le rôle de Pyrrhus.
Gravure de Prud'hen d'après Cauré.

POUR
APPROFONDIR

Genre, action, personnages

Andromaque : l'*apogée de la tragédie classique*

Lorsque Racine présente *Andromaque*, la tragédie classique a conquis ses lettres de noblesse depuis environ une génération (Corneille, *Horace*, 1640). En quelques décennies, les grands traits constitutifs du genre ont évolué dans plusieurs directions : certains auteurs privilégient les actions sanglantes, d'autres, les situations dramatiques mouvementées, d'autres enfin dressent des caractères forts dans des situations instables. Les querelles consécutives au *Cid* ont nourri les réflexions d'une nouvelle génération d'auteurs, dont Racine. Les diverses règles (règles de bienséance ; règles des trois unités ; règle de la « tristesse majestueuse ») sont le résultat d'expériences plus ou moins heureuses. Si *Andromaque* annonce l'apogée de la tragédie classique, c'est que la pièce fait une synthèse de toutes les avancées.

Racine ne se contente pas d'appliquer des règles théorisées par ses devanciers, en particulier Corneille et d'Aubignac. Il va chercher aux origines mêmes de la tragédie, chez les Grecs du Vᵉ siècle avant J.-C. (Eschyle, Sophocle et surtout Euripide) et leurs héritiers latins (Sénèque). Cependant, s'il s'en inspire pour les couleurs des personnages, il s'en écarte en faveur de certains thèmes, beaucoup plus contemporains.

Les règles de bienséance

Une première règle veut que les actions violentes ne soient pas montrées au spectateur, qui doit se les imaginer par le récit qui en est fait. Ces actions, refoulées de la scène, sont dites *obscènes*. Il en est ainsi du meurtre de Pyrrhus, du suicide d'Hermione. En conséquence, elles sont rapportées par des personnages narrateurs (Oreste, Pylade).

Une deuxième règle de bienséance consiste à ne choquer personne. Certaines notions sont bannies ou évitées. Tout ce qui peut avoir une connotation sexuelle disparaît. Ainsi, il est notoire que les Troyennes captives des Grecs étaient des concubines. Les sources antiques présentent Andromaque comme concubine de Pyrrhus ; elle en a même un fils, Molossus : dans l'*Andromaque* d'Euripide, c'est pour ce fils qu'elle tremble et non pour Astyanax, mort depuis longtemps à Troie. Mais Racine a préféré montrer une veuve fidèle, pure de tout contact. Un tel personnage ne peut être éloigné de l'idéal chrétien. Le mariage entre Pyrrhus et Andromaque évoque plus une cérémonie chrétienne qu'un rite antique. De la même façon, dans la source antique, Hermione est mariée à Pyrrhus, qui la délaisse pour Andromaque. Racine a ainsi résolu le problème suivant : Oreste ne peut poursuivre Hermione que pour l'épouser ; il faut donc qu'elle ne soit pas mariée.

Enfin, une troisième règle de bienséance veut que le vice soit puni et la vertu récompensée. Les trois coupables (Oreste, Hermione, Pyrrhus) sont frappés de mort ou de démence ; la pure Andromaque devient reine. Quant à Astyanax, son sacrifice aurait été une faute de goût manifeste.

On peut étendre cette règle au respect du caractère sacré de tous les engagements. La parole de Pyrrhus n'est pas qu'un contrat politique ; elle a « les dieux » pour témoins : *Va profaner des dieux la majesté sacrée. / Ces dieux, ces justes dieux n'auront pas oublié / Que les mêmes serments avec moi t'ont lié.* (Hermione, vers 1382-1384).

La règle des trois unités

Pour éviter une dispersion de la tragédie, cette règle demande un lieu unique, une action unique, une seule journée : *Andromaque* respecte cette exigence, avec quelques aménagements.

L'unité de lieu, en particulier, est problématique. Les metteurs en scène et décorateurs qui s'attaquent à *Andromaque* ont pour toute indication « une pièce dans le palais de Pyrrhus ». Drôle de

Genre, action, personnages

pièce, qui sert à la fois de lieu d'ambassade, de lieu d'attente pour Hermione, de lieu de passage pour Andromaque... C'est ce qu'on appelle le « palais à volonté ». Nous avons une vision déformée de ce qu'est un palais classique. Notre façon actuelle de concevoir une maison, façon héritée du XIXe siècle, nous perturbe : nous attribuons à chaque pièce une fonction spécifique. Au XVIIe siècle, les pièces n'ont pas toujours d'affectation déterminée. Les meubles sont « meubles », donc mobiles. Le théâtre de salon se joue d'ailleurs dans les grandes pièces des appartements. Même à Versailles, les salles ont la plupart du temps plusieurs usages – d'où cette impression d'« espace neutre » qui peut nous étonner, mais qui n'avait rien d'étrange aux yeux des contemporains. Cette absence de repère contribue au sentiment d'abstraction que suscite en nous la tragédie classique ; ce lieu unique n'est qu'un code parmi d'autres.

L'unité d'action est formellement respectée ; il y a peu de tragédies qui peuvent s'enorgueillir d'une telle perfection de l'intrigue. La question est posée dès la première scène : Pyrrhus va-t-il épouser Andromaque ou Hermione ? À cette donnée fondamentale s'ajoute l'événement déclencheur : l'ambassade d'Oreste, qui réclame une décision sur un point précis (Pyrrhus va-t-il livrer Astyanax ?). Or épouser l'une des deux femmes revient à épouser sa cause : fidélité ou non envers les Grecs, respect ou non de la parole donnée à Hermione. Certaines pièces font intervenir des événements extérieurs, ou des hasards, pendant le temps de la tragédie. On pense à l'issue d'une bataille, par exemple, et par conséquent, à la survie ou à la mort d'un héros. Dans *Andromaque*, aucune irruption de l'extérieur ne vient modifier le cours de l'action.

L'unité de temps impose que la tragédie se déroule sur une durée relativement proche du temps réel de la représentation : par extension, de quelques heures à une journée. Les entractes fonctionnent comme autant d'ellipses temporelles. Le cas le plus frappant est l'entracte séparant les actes III et IV : les mêmes personnages (Andromaque et Céphise) quittent la scène pour y revenir, après un temps de recueillement près du tombeau d'Hector. Pour respecter cette unité, l'auteur est amené à précipiter les événements, de façon parfois artificielle. Sitôt débarqué, Oreste rencontre Pyrrhus pour une ambassade privée de tout décorum. Le mariage entre Pyrrhus et Hermione, puis entre Pyrrhus et Andromaque, est préparé en quelques heures.

Il n'importe. La véritable unité de temps repose sur une donnée majeure d'*Andromaque* : la pression. Une situation en équilibre instable (Pyrrhus hésite entre Hermione et Andromaque) doit, à l'issue de cette journée, basculer vers un équilibre stable, quel qu'il soit. La réponse de Pyrrhus à l'ambassadeur ne peut se faire attendre éternellement.

La « tristesse majestueuse »

Une dernière règle de la tragédie tient à la définition même du genre : la tristesse tragique doit être « majestueuse », c'est-à-dire donner un sentiment de grandeur. Face aux événements, les personnages de haut rang ne peuvent faire preuve de médiocrité. Une tragédie ne s'achève pas nécessairement dans le sang. Dans *Cinna*, de Corneille, ou *Bérénice*, de Racine, les héros survivent. Il s'agit incontestablement de tragédies. Les personnages font preuve de grandeur d'âme face à l'adversité ; ils prennent des décisions qui sont à la hauteur de leur statut sacré de rois ou de reines. Dans *Andromaque*, les quatre protagonistes sont de haut rang. De plus, leur statut d'héritiers de la guerre de Troie donne à la pièce un fond d'épopée, synonyme de grandeur : par leurs liens avec les illustres noms d'Achille, d'Agamemnon ou d'Hélène, les héros d'*Andromaque* entrent de plain-pied dans la légende.

Genre, action, personnages

Situation tragique et fatalité

Le destin, ou *fatum*, est un des moteurs de la tragédie classique. Malédictions ancestrales, vengeance des dieux, constituaient des éléments indispensables chez Eschyle : que l'on songe à la famille des Atrides. La malédiction de l'amour remplace ici la malédiction d'une famille par des dieux courroucés. La situation tragique devient : aimer sans être aimé. Aucune action, aucun choix ne peut modifier cette donnée fondamentale. Plus tard, Racine, dans *Phèdre*, présentera l'amour comme une calamité quasi surnaturelle, frappant indistinctement hommes et femmes. *Andromaque* est une tragédie dont l'amour est le moteur essentiel, la politique lui étant subordonnée : comment expliquer qu'un ambassadeur fasse tout pour faire échouer sa propre ambassade ? qu'un roi cède à une esclave ? Positions sociales, devoirs, honneur (les retournements de Pyrrhus, la trahison de sa parole) n'opposent que de faibles résistances à l'amour. Racine retrouve les grands auteurs antiques en faisant en sorte que la plupart des protagonistes ne semblent pas maîtres de leurs destins et de leurs actions, gouvernés qu'ils sont par une puissance qui les dépasse. Cette soumission est, par essence, tragique. Évidemment, plus la personne occupe un rang élevé, plus la chute sera lourde, accentuant l'impression de « pitié » et de « terreur ».

Le dénouement tragique

Parmi les fondements de la situation tragique figure l'impossibilité de trouver un dénouement heureux. Par définition, les positions des protagonistes sont incompatibles. L'ambassade d'Oreste ne consiste pas à négocier avec Pyrrhus, mais à exiger son obéissance. Pyrrhus doit choisir entre son amour et son devoir, c'est-à-dire sa propre vie. De par son statut de roi, tous dépendent de son choix impossible ; il maintient les protagonistes dans l'anxiété. Andromaque se confronte elle aussi à un dilemme. Sa position diffère de celle des autres personnages :

en tant que veuve, elle est déjà à demi morte, ne fait plus vraiment partie des vivants. Son amour pour Hector est désincarné ; seul Astyanax la retient artificiellement au monde. Elle sera pourtant le seul des quatre héros à s'en sortir.

Les codes de la tragédie : langage et registres

L'évolution du théâtre au XVIIIe siècle, et surtout au XIXe siècle, a grandement modifié notre façon de percevoir le théâtre classique, et en particulier la tragédie. Au XVIIe siècle, pour les auteurs comme Racine et leurs contemporains, il ne faisait aucun doute qu'une tragédie relevait au moins autant de la poésie que du théâtre. L'incarnation est nécessaire, bien sûr, et on connaît l'importance des grands interprètes. Mais la représentation de la tragédie classique ne vise en aucun cas à ressusciter des personnages antiques en êtres de chair et de sang.

Le code langagier

Le XVIIe siècle voit le triomphe du langage, du *bien parler* comme du *bien écrire* (Mme de Sévigné). Les codes du langage imposent l'usage de certains mots, de certaines expressions, quitte à tomber dans le cliché poétique. Le personnage d'un poème tragique expose les cheminements les plus profonds de sa pensée en usant d'un instrument porté à l'incandescence : l'alexandrin. L'impossibilité de franchir la barrière de l'hémistiche contraint l'auteur à trouver des images qui tiennent en six syllabes ou moins, et donc exclut un grand nombre d'adjectifs. Mais cette relative pauvreté du vocabulaire induit un système de références, de degrés. Puisque le choix des mots est limité, l'invention portera sur la succession des images, l'opposition des registres. Le vocabulaire galant envahit la pièce dans toutes ses composantes. Les métaphores lyriques (« fers » et « chaînes », « flammes » et « glaces »), les expressions rebattues (« cruelle ! ») créent un système langagier finalement passe-partout, qui fonctionne comme un code d'apparte-nance. L'amoureux trouve une véritable jouissance à s'exprimer par les mots du langage précieux. Il ne cherche pas l'originalité, mais veut au contraire entrer dans le flot éternel de l'amour – du moins pour ses propres mots : chez l'autre, cette langue paraît ridicule. Hermione répond avec brutalité aux décla-rations d'Oreste lorsqu'il se risque à la préciosité : *Quittez, Seigneur, quittez ce funeste langage* (II, 2) et Andromaque ironise quand Pyrrhus se déclare : *Seigneur, que faites-vous, et que dira la Grèce ? / Faut-il qu'un si grand cœur montre tant de faiblesse ?* (I, 4). Racine a cherché à dépasser le langage précieux, en créant des métaphores du « deuxième type » à partir de méta-phores déjà usées – ainsi avec le célèbre : *Brûlé de plus de feux que je n'en allumai* (vers 320).

Racine était confronté à une grave question : le vocabulaire galant ayant commencé à perdre de sa puissance en glissant vers le lieu commun, comment exprimer des passions violentes ? S'il ne tombe pas dans la fadeur, c'est grâce à une intensité permanente de l'expression, et parfois la conscience du voca-bulaire employé chez le personnage même. D'où les nom-breuses allusions au langage lui-même. Ce sont généralement les partenaires (confident ou adversaire) qui soulignent des expressions, interrompent (Pylade), ironisent sur le langage d'autrui (Hermione).

Les registres dans Andromaque

Tout comédien sait qu'il éprouvera une grande difficulté à manifester en même temps deux émotions différentes, à jouer simultanément sur deux registres ; mais, successivement, il le pourra. Le vers racinien fait passer rapidement du concret à l'abstrait, alterne les lieux communs poétiques et les vrais cris de douleur, oppose des instants où le chagrin s'étale et d'autres où il est retenu, pudique. Il s'agit non seulement d'une qualité dramatique de premier ordre, la variété, mais aussi d'une peinture très crédible des sentiments les plus forts, et parmi eux les sentiments amoureux, infiniment déstabilisateurs. On peut préférer Oreste à Pyrrhus ou Hermione à Andromaque : Racine laisse une possibilité d'empathie pour tel ou tel personnage. Mais dans chaque désespoir amoureux il y a tour à tour la froide lucidité d'Oreste, la cruauté d'Hermione, la brutalité comme la galanterie de Pyrrhus, guerrier fasciné par la fragilité et la féminité d'Andromaque. Dans la langue racinienne, le registre a une coloration musicale et poétique. Il donne du rythme à la phrase, impose aussi l'interprétation.

Ouverte par l'arrivée d'Oreste et refermée par son départ, *Andromaque* voit se succéder et parfois se superposer des registres bien distincts qui donnent à la tragédie tout son relief. Le premier registre est naturellement le registre tragique : les premières tirades d'Oreste et de Pylade se rattachent à des thématiques inspirées du sujet antique. Importance du destin, fatalité inscrite dans les gènes d'Oreste et rappel du rôle que « le ciel » joue dans nos destinées donnent à la pièce un cadre familier aux lecteurs de *L'Iliade* et de *L'Énéide*.

Le registre tragique furieux tient une grande place dans *Andromaque*. Le mot « furieux » contient une sombre nuance de folie : le titre *Roland furieux* de l'Arioste veut bien dire que Roland est fou furieux. Oreste et Hermione – ce n'est pas un hasard s'ils sont tous deux des Atrides – en usent abondamment.

Le registre descriptif intervient fréquemment dans les récits des horreurs la guerre de Troie. Les circonstances nocturnes, les thèmes liés au mouvement, au tourbillon, aux contrastes entre ombre et lumière le situent dans la continuité baroque : *Figure-toi Pyrrhus, les yeux étincelants / Entrant à la lueur de nos palais brûlants...* (III, 8).

Le registre pathétique emplit largement les scènes où un personnage tente d'en apitoyer un autre : celui-ci ne se contente pas de se plaindre ; il argumente, invective, construit sa demande. Ce serait une erreur de le considérer comme monochrome.

Genre, action, personnages

Enfin le registre élégiaque apparaît tardivement. La plainte, l'acceptation douloureuse du destin tragique s'expriment par des mots plus simples, dénués d'emphase, voire très réalistes : *Je ne l'ai point encore embrassé aujourd'hui.*

L'action

Schéma

On ne peut faire plus simple : Oreste aime Hermione qui aime Pyrrhus qui aime Andromaque qui aime Hector qui est mort. Une deuxième chaîne vient inverser le sens des subordinations. On note une absence d'autorité suprême : Pyrrhus est soumis, politiquement à la volonté des Grecs, et amoureusement à Andromaque. Oreste, bien que représentant des Grecs, n'est qu'ambassadeur, non pas roi, et il se plie à la volonté d'Hermione. Andromaque est esclave, mais aussi princesse déchue de Troie et mère d'un roi potentiel. Les statuts, complexes, participent aux dilemmes. L'événement déclencheur est l'arrivée d'Oreste, qui oblige Pyrrhus à choisir entre son devoir (épouser Hermione) et son amour (Andromaque). Les péripéties sont dues à Pyrrhus, qui va changer deux fois d'avis.

Acte I : l'ambassade d'Oreste

À l'exception notable d'Hermione, les personnages principaux de la pièce figurent dans ce premier acte, construit selon un système éprouvé de relais : Oreste débute l'acte, il rencontre Pyrrhus puis sort ; Pyrrhus a un bref entretien avec son confident puis rencontre Andromaque. Fin de l'acte.

Oreste est clairement désigné comme l'élément perturbateur dans un équilibre instable. Pyrrhus, à la fois en tant que roi et en tant qu'amant, fait deux fois acte de pouvoir (en rejetant la demande d'Oreste ; en maintenant Andromaque sous pression). Andromaque fait figure de victime. L'acte se termine sur le vers terrible de Pyrrhus : *Madame, en l'embrassant, songez à le sauver,* vers qui a l'apparence d'un ordre, mais qui constitue en réalité un transfert de pouvoir. Il s'ensuit une situation paradoxale : tous les protagonistes sont suspendus à la décision de la seule personne non libre parmi les héros, d'une esclave, Andromaque. Le spectateur a désormais le sentiment de connaître tous les éléments du drame. Pourtant l'absence d'Hermione maintient la tension, qui sera relancée au début de l'acte suivant.

Acte II : le premier revirement de Pyrrhus

Le mouvement circulaire amorcé à l'acte I s'achève : la première scène montre Hermione conversant avec Cléone et nous faire part de ses douleurs et de ses colères ; survient Oreste, qui s'entretient avec Hermione. Après le départ des deux femmes, Oreste se lance dans un bref monologue qui marque un temps de victoire ; mais il est dit que le bonheur ne peut s'inscrire durablement dans une tragédie. Pyrrhus survient brusquement et annonce à Oreste sa décision concernant Astyanax. Oreste sort, effondré. Pyrrhus se félicite devant Phœnix d'une manière plus qu'ambiguë qui ne trompe pas son confident. Enfin Pyrrhus clôt l'acte II, de même qu'il a terminé l'acte I. Les liens entre les deux premiers actes sont nombreux : la scène Oreste/Pyrrhus de l'acte II (scène 4) se place en continuité avec la scène de l'ambassade (I, 4). La scène d'épanchement de Pyrrhus avec Phœnix avait été écourtée par l'arrivée d'Andromaque (I, 3) : *Une autre fois je t'ouvrirai mon âme : Andromaque paraît.* Cette « autre fois » est la scène 5 de l'acte II, qui permet à Pyrrhus de dévoiler ses motivations profondes, alors opposées à ses décisions. L'acte II marque la consolidation des données énoncées à l'acte I. Hermione est telle que Pylade l'avait décrite et joue avec les sentiments d'Oreste, lequel n'est pas dupe. Andromaque est absente de cet acte ; aussi les décisions prises par Pyrrhus paraissent-elles bien fragiles. L'acte s'achève donc dans un équilibre apparent fondé sur le mensonge.

Genre, action, personnages

Acte III : les supplications d'Andromaque

La première partie de l'acte expose les conséquences de la décision de Pyrrhus : fureur d'Oreste, bonheur d'Hermione. Mais l'entrée d'Andromaque alors sacrifiée, à l'exact milieu de la tragédie, modifie le cours des événements, et ce, en deux temps. La première supplication face à une Hermione indifférente permet à Andromaque d'apitoyer le spectateur ; la seconde supplication entraîne le second revirement et l'ultimatum de Pyrrhus. L'acte III s'achève sur une interrogation : que va décider Andromaque ?

Acte IV : la fureur d'Hermione

Le temps est resté suspendu entre les actes III et IV. Les mêmes personnages (Céphise et Andromaque) reviennent sur le plateau ; Andromaque annonce son intention de se suicider après son mariage avec Pyrrhus. Sa suivante ne l'en dissuade pas. Andromaque quitte la scène ; nous ne la reverrons pas. Hermione réagit d'abord... par le silence. Puis, face à Oreste, elle fait feu de tout bois pour l'inciter à la réalisation d'une vengeance déjà évoquée dans les actes précédents : invectives, insultes, coquetterie. Quand enfin Oreste sort de scène pour préparer le plan fatal, Pyrrhus surgit (il s'agit de sa deuxième « entrée surprise ») et tente maladroitement de se justifier auprès d'Hermione. L'issue de la rencontre est l'inverse du résultat escompté. Hermione lance des menaces que Pyrrhus néglige.

Acte V : l'échec d'Oreste

Seuls Oreste et Hermione paraissent dans l'acte ultime. Hermione, isolée, troublée, attend. Le récit des événements hors scène va se poursuivre pendant tout l'acte : d'abord par Cléone, qui décrit la cérémonie du mariage, puis par Oreste, ensanglanté, qui relate la mort de Pyrrhus. Hermione, poussée à la folie furieuse, maudit Oreste et sort pour se suicider sur le corps de Pyrrhus. La raison d'Oreste commence à vaciller dans son monologue, interrompu par Pylade, qui ne s'embarrasse pas de détails pour annoncer le suicide d'Hermione. Oreste perd la raison. Pylade l'entraîne hors du théâtre.

Personnages

Les héros

Pyrrhus

Pyrrhus est un roi ; il se heurte à un refus humain, celui d'Andromaque, contre lequel tout son pouvoir est impuissant. Cette situation le déroute d'autant plus que leur différence de condition est importante (un roi, une esclave). Racine crée un personnage par effet de contraste : Pyrrhus est « violent mais sincère », Hermione, violente mais peu sincère, Oreste, sincère mais peu violent.

On a beaucoup relevé la brutalité galante de Pyrrhus et critiqué un roi qui manque à sa parole de façon aussi flagrante. Racine en a tenu compte dans ses pièces ultérieures. Pyrrhus inaugure une famille de personnages obsédés par un dessein unique. Toutes ses pensées, toutes ses paroles tendent vers un projet inaccessible. Pyrrhus est prêt à se contenter de l'illusion ; il n'attache pas d'importance aux sentiments réels d'Andromaque : il lui suffit qu'elle l'accompagne au temple « sans joie et sans murmure ». En se réfugiant dans le rêve, Pyrrhus quitte la réalité. Selon le code tragique, il ne peut que mourir.

Andromaque

La princesse déchue qui donne son nom à la tragédie est une figure bien différente des autres personnages. Elle se contente de son sort ; elle a déjà vécu une autre vie. Vertueuse, mère dévouée à la survie de son fils, elle n'existe plus que pour lui. La tragédie ne peut accepter que cette femme déjà victime d'un conflit soit, en plus, victime de passions qui lui sont étrangères : elle doit survivre à la tragédie même. Cette voix qui parle parfois d'au-delà de la mort bénéficie d'un texte souvent sublime, à la fois au-dessus des préoccupations médiocres et d'une humilité absolue. Andromaque incarne une telle perfection qu'elle provoque la chute des personnages qui ne la valent pas.

Hermione

Avec Hermione, Racine crée un des premiers « monstres » de son théâtre (qui en comptera un certain nombre). Le premier trait de génie consiste à faire de cette princesse orgueilleuse un personnage dont l'avenir dépend de la volonté des autres. Hermione possède la même obsession que Pyrrhus, les violences de leurs amours sont bien comparables, mais elle y ajoute l'orgueil, en retrait chez Pyrrhus, et une cruauté active. Pourtant, si le personnage ne glisse pas vers le pur monstrueux, c'est que la fille d'Hélène a des accents de vérité, des vertiges qui font d'elle une adolescente gâtée, certes, mais aussi une jeune fille déchirée par la douleur. Son unique scène avec Pyrrhus est un monument du théâtre. Enfin, elle est la seule à faire preuve d'*ubris*, ce sentiment d'orgueil impie qui pousse à se réjouir du malheur des adversaires. Elle ne peut qu'être frappée par le destin tragique, et doublement, puisque sa folie la conduit au suicide.

Oreste

Oreste permet à Racine de faire un lien direct avec l'univers tragique antique. Le cycle de la malédiction des Atrides renvoie tout aussi bien à *L'Iliade* qu'aux tragiques grecs. Au-delà de sa fonction de personnage déclencheur dans le schéma actanciel, Oreste a un rôle de passeur actif : il ouvre et ferme la tragédie ; il tue Pyrrhus. Très bavard, il donne à la pièce le paysage tragique de la fatalité, en contrepoint avec l'autre paysage tragique, celui de l'épopée, incarné par Andromaque. Personnage en mouvement, il achève son destin dans un désordre mental qui symbolise sa solitude intrinsèque, celle du survivant (de sa famille – les Atrides – et de la tragédie). Enfin, personnage extrême, il possède, comme Hermione, des morceaux de bravoure furieuse, à l'opposé des élégies d'Andromaque.

Les confidents

Pylade

C'est le confident le plus important de la pièce. Frère d'armes d'Oreste, il a un statut nettement supérieur à celui des autres confidents, ce qui lui permet d'opposer à son ami une résistance plus grande, mais aussi de proposer un appui plus important quand il le faut.

Cléone

Cléone inaugure un type de confidente bien campée, pragmatique, prompte à retirer les voiles d'hypocrisie des discours de sa maîtresse. Cléone redit avec ses mots ce que dit Hermione, quitte à être plus crue (*aimer une captive, et l'aimer à vos yeux...*). Cette fonction miroir est un élément important du rôle du confident. Elle se fait le porte-parole des sentiments du spectateur, qui converse *via* le confident avec le protagoniste.

Phœnix

Il fait montre de clairvoyance : il ne se laisse pas détourner par des faux-semblants. L'astuce de l'auteur a consisté à faire de Phœnix le gouverneur de Pyrrhus, donc une personne âgée, qui a éduqué le prince et possède ainsi un pouvoir de remontrance. Phœnix peut donner plus que des conseils à Pyrrhus ; il le gronde, le rappelle à ses devoirs, ce qui, dans la bouche de tout autre, paraîtrait déplacé. En plus de la fonction « miroir de vérité » (qu'incarne Cléone), le confident Phœnix a une fonction morale.

Céphise

C'est une confidente plus effacée, un double douloureux d'Andromaque, avec qui elle n'entre jamais en conflit et dont elle ne se sépare jamais.

Atrides

ZEUS
père de
TANTALE
père de Pélops et Niobé

Pélops	Hippodamie		Niobé	Amphion

roi de Thèbes
tuée par Apollon et Artémis (Diane)

Atrée
père d'Agamemnon et Ménélas

père de jumeaux, Atrée et Thyeste, et de Pélopia

Aérope

Thyeste

Égisthe
sœur jumelle de Clytemnestre

assassin d'Atrée puis d'Agamemnon ; tué par Oreste.

Agamemnon	Clytemnestre		Ménélas	Hélène

sœur jumelle d'Hélène

Agamemnon

Agamemnon	Clytemnestre

leurs enfants : Électre, Iphigénie, Oreste

Électre
Iphigénie
Oreste

sauve Oreste enfant,
immolée par son père
organise la vengeance après le meurtre d'Agamemnon

pour venger le meurtre de son père, il tue sa mère et Égisthe
poursuivi et rendu fou par les Érinyes (Furies)

Tyndare	Leda	ZEUS

Leda unie avec Zeus-cygne a quatre enfants, deux fois des jumeaux :
Castor et Pollux, Hélène et Clytemnestre

Ménélas, Hélène

Ménélas	Hélène

ils ont une fille :
Hermione

ACHILLE

| ZEUS | PONTOS | GAIA (GÉ) | déesse de la Terre |

Eaque — *roi des Myrmidons, après sa mort, juge des Enfers*

NEREE — *dieu de la mer, a 50 filles : les Néréides*

THETIS — *néréide*

Pélée — Déidamie

Achille

Pyrrhus Néoptolème

PRIAM

Dardanos
ancêtre mythique

…

Ilos
donne à Troie un de ses noms : Ilion

Laomédon
roi de Troie – fait construire les murs de la ville par Apollon et Poséidon, il refuse de payer et doit sacrifier sa fille Hésione à un monstre marin, mais Héraclès sauve Hésione. Laomédon refuse à nouveau de payer Héraclès, qui se venge en le tuant avec toute sa famille à l'exception de Priam.

Priam — Hécube
roi de Troie
50 fils et 50 filles (19 enfants d'Hécube) dont Hector, Pâris, Créuse, Cassandre
tué par Pyrrhus à la chute de Troie

Hésione
sœur de Priam

| Énée | Créuse | Cassandre | Pâris | Hector | Andromaque |

leurs descendants fondent Rome

Cassandre
prophétesse
captive d'Agamemnon

Pâris
en enlevant Hélène, il provoque la guerre de Troie

Hector
tué par Achille

Astyanax

L'œuvre : origines et prolongements

Les sources antiques

Racine explique dans sa préface qu'il a trouvé son sujet dans plusieurs grands ouvrages classiques de la littérature antique : Virgile (*L'Énéide*), Euripide (*Andromaque*), Sénèque (*La Troade*), et bien sûr Homère (*L'Iliade*).

Un arrière-plan épique : la guerre de Troie

Au XIIIe siècle avant J.-C., Troie était une ville d'Asie Mineure (actuelle Turquie, non loin d'Istanbul) dont l'influence s'opposait à celle des Grecs : le conflit était latent. Vers le début du XIIe siècle avant notre ère, la guerre éclata. Elle dura dix ans et s'acheva par la destruction totale de Troie.

Chantée par le poète grec Homère dans *L'Iliade* (Ilion est un autre nom de Troie), la guerre de Troie a inspiré un grand nombre de pièces de théâtre au cours de l'âge d'or de la tragédie grecque (Ve siècle avant J.-C.), ainsi que des auteurs comme Sophocle, Eschyle, Euripide. Les héros grecs, Agamemnon, Ulysse, Achille, Ménélas, Ajax, Diomède, les Troyens Hector, Pâris, Priam, Cassandre, Hécube, Énée, Andromaque, sont représentés sur nombre de vases et de statues de l'époque. C'est aussi au retour de la guerre de Troie que le plus rusé des Grecs, Ulysse, connut le périple mouvementé que narre *L'Odyssée* d'Homère. La légende veut également qu'Énée, un prince troyen rescapé, soit parvenu à s'enfuir avec une partie de sa famille. Il traversa la Méditerranée, s'installa dans le Latium, et ses descendants créèrent Rome : c'est le sujet de *L'Énéide* du poète latin Virgile (Ier siècle). Pour l'homme instruit du XVIIe siècle, tous ces personnages sont aussi familiers que les saints du calendrier.

L'œuvre : origines et prolongements

La légende

TOUT COMMENÇA PAR... une pomme. Éris, déesse de la Discorde, était furieuse de n'être pas invitée au banquet des noces de Thétis et Pélée (futurs parents d'Achille). Elle jeta une pomme d'or sur la table des dieux, avec ces mots : « À la plus belle ». Trois déesses revendiquaient ce titre : Héra, Aphrodite et Athéna. Comme Zeus refusait de trancher, les déesses demandèrent à un mortel de choisir. Ce mortel s'appelait Pâris, un jeune Troyen. Aphrodite remporta le prix après avoir promis au jeune homme la main de « la plus belle femme du monde [mortel] », à savoir Hélène, l'épouse du roi grec Ménélas.

PÂRIS, AIDÉ DE LA DÉESSE, enleva Hélène et l'emmena à Troie. Ménélas, furieux, appela les chefs grecs à la rescousse. Fort d'un serment que ces chefs avaient fait lors de ses noces, Ménélas obtint d'eux qu'ils lèvent une armée pour reprendre Hélène. Agamemnon, frère de Ménélas, fut nommé chef de cette coalition. Poséidon, dieu de la Mer, empêcha tout d'abord les bateaux grecs de prendre le large. Agamemnon dut sacrifier sa propre fille, Iphigénie.

LA GUERRE fut longue et sanglante. Par mortels interposés, les dieux réglaient leurs comptes. Aphrodite et Poséidon soutenaient les Troyens tandis qu'Athéna et Héra (épouse de Zeus et garante des liens du mariage) soutenaient les Grecs. Aux exploits du bouillant Achille répondaient les actes héroïques d'Hector, le plus vaillant des Troyens. Alors qu'Achille boudait dans sa tente, vexé d'une parole arrogante d'Agamemnon, Hector fit une sortie et tua Patrocle, ami d'Achille. Furieux, celui-ci vainquit Hector.

MALGRÉ CET EXPLOIT, le siège traînait en longueur. Ulysse eut alors l'idée du célèbre cheval de Troie : les Grecs construisirent un cheval de bois en hommage à Poséidon et feignirent de lever le siège. La suite est bien connue : les Troyens acheminèrent la statue dans l'enceinte de la ville fortifiée. La nuit venue, des Grecs cachés à l'intérieur ouvrirent les portes de la ville à leurs armées. Celles-ci, exaspérés par ce long siège, firent table rase. Les prisonniers furent soit exécutés, soit réduits en esclavage. Le massacre dura toute une nuit. Parmi les plus violents guerriers se fit remarquer le fils d'Achille, Pyrrhus Néoptolème, qui immola le roi Priam et une bonne partie des princes troyens.

Oreste, dernier descendant des Atrides

SELON LA LÉGENDE, à l'origine de la malédiction familiale, il y eut Tantale, souverain d'un royaume légendaire d'Asie Mineure. Flatté de recevoir les dieux à sa table, il ne savait quoi leur préparer, et leur donna à manger son propre fils. Les dieux découvrirent avec horreur ce repas anthropophage (à l'exception d'Héphaistos, qui dévora une épaule) et maudirent Tantale, puni par un supplice original : il fut condamné à une faim perpétuelle, entouré de mets qui s'écartaient quand il tendait la main pour les saisir. À la génération suivante, on vit Atrée et Thyeste, deux frères, s'entredéchirer pour la royauté. Atrée prit le dessus ; ses fils, les Atrides, furent Agamemnon (roi de Mycènes) et Ménélas (roi de Sparte).

LORSQUE LA GUERRE DE TROIE fut lancée, Agamemnon accepta de sacrifier sa propre fille, Iphigénie, ce qui consolida sa position de chef des chefs grecs. Mais Clytemnestre, épouse d'Agamemnon, rumina sa vengeance pendant toute la guerre de Troie. Poussée par les Érynies (ou « Furies » dans la mythologie romaine), déesses vengeresses, et aidée de son amant Égisthe (fils de Thyeste), Clytemnestre assassina Agamemnon à son retour de Troie. Plus tard, c'est Oreste, leur fils, sauvé par sa sœur Électre, qui tua sa propre mère. Au début d'*Andromaque*, Oreste évoque cette hérédité sanglante ; mais c'est surtout à la fin de la tragédie que la légende grecque réapparaît avec force : les « filles d'enfer » (vers 1637), avec leurs serpents sur la tête, sont les Érynies.

L'œuvre : origines et prolongements

L'inspiration virgilienne

Excellent latiniste, Racine appréciait par-dessus tout *L'Énéide*. Dans les premiers chants, Énée rencontre Didon à Carthage et lui raconte la chute de Troie. De nombreux détails d'*Andromaque* proviennent de ces pages :

« Devant la porte, dans le vestibule et sur le seuil même du palais, Pyrrhus exulte, resplendissant de l'éclat de ses armes d'airain. [...] Au premier rang, il saisit une solide hache à deux tranchants, brise le seuil et arrache de leurs gonds les battants en airain ; et déjà il a entamé la poutre, creusé le rouvre dur et pratiqué une énorme brèche d'une large ouverture : on voit apparaître l'intérieur du palais et se déployer de longs atriums[1], apparaître les appartements de Priam et des vieux rois, et des guerriers debout sur le seuil même. Cependant l'intérieur du palais est en proie à la douleur et à un tumulte lamentable, et les pièces les plus retirées retentissent de hurlements de femmes : cette clameur va frapper les constellations d'or. Épouvantées, des mères parcourent l'immense palais, tiennent les portes embrassées et les couvrent de baisers. Pyrrhus, héritier de la violence paternelle, les poursuit ; ni les barrières, ni même les gardes, ne suffisent à l'arrêter : sous les coups répétés du bélier, la porte s'écroule et ses battants tombent, arrachés de leurs gonds. Les Grecs se frayent un chemin par la violence, forcent l'entrée, se ruent sur les gardes qu'ils massacrent, et remplissent tous les lieux de soldats. [...] J'ai vu moi-même, ivres de carnage, Néoptolème[2] et les deux Atrides[3] sur le seuil ; j'ai vu Hécube[4] et ses cent brus, et Priam

---

1. **Atriums :** Virgile, auteur latin, attribue aux palais troyens des particularités de villas romaines.
2. **Néoptolème :** autre nom de Pyrrhus.
3. **Les deux Atrides :** Agamemnon et Ménélas.
4. **Hécube :** femme de Priam.

au milieu des autels souillant de sang les feux qu'il avait consacrés lui-même. »

[Énée revient sur la mort de Priam. Le vieux roi avait revêtu
une armure et, tout tremblant, tentait de mourir les armes à la
main. Hécube le retient. Énée reprend son récit :]

« Mais voici qu'échappé du carnage, Polite, l'un des fils de
Priam, à travers les traits et les ennemis, fuit par les longs
portiques, et passe par les atriums vides ; il est blessé ; l'ardent
Pyrrhus le talonne, l'épée haute, et déjà le saisit et le presse de
sa lance. Enfin, arrivé en présence et en vue de ses parents, il
s'affaisse sur lui-même et exhale sa vie dans un flot de sang.
Alors Priam, quoique déjà sous le coup de la mort, ne se
possède plus et ne peut retenir sa voix ni sa colère : « Ah ! Pour
prix de ton crime, s'écrie-t-il, pour prix d'une telle audace, que
les dieux [...] te donnent la récompense dont tu es digne, et te
payent le salaire qui t'est dû, toi qui m'as fait assister à la mort
de mon fils, et qui as souillé de son meurtre les regards de son
père ! Cet Achille, dont tu te prétends faussement être engendré,
ne s'est pas comporté de la sorte à l'égard de Priam, son ennemi ;
mais il a respecté les droits et la sainteté d'un suppliant, il a
rendu au sépulcre le corps exsangue d'Hector, il me l'a renvoyé
dans mes États. » Ainsi parle le vieillard, et de sa main débile il
lance un trait sans force, que l'airain aussitôt repousse avec un
bruit rauque, et qui reste suspendu en vain à la bosse du bou-
clier. Alors Pyrrhus : « Eh bien ! tu vas t'en aller, en messager,
rapporter ceci à mon père [...]. Souviens-toi de lui raconter
mes tristes exploits et de lui dire que Néoptolème dégénère.
En attendant, meurs ! » Ce disant, il traîne au pied des autels le
vieillard tremblant et qui glissait dans le flot de sang de son
fils, il lui saisit la chevelure de la main gauche, et, de la droite,
brandissant son épée étincelante, la lui enfonce dans le flanc
jusqu'à la garde. Ainsi finit le destin de Priam. »

Virgile, *Énéide*, livre II (trad. Élio Suhamy).

L'œuvre : origines et prolongements

Le personnage d'Andromaque chez Euripide

Les sources grecques consacrent assez peu de place à la veuve d'Hector. Elle paraît çà et là, figure éplorée, symbole de piété et de fidélité à la mémoire d'un époux illustre. Mais Racine a recopié presque mot pour mot certaines phrases d'Euripide (c'est Andromaque qui parle) :

« Vous pouvez me trancher la tête, me tuer, m'attacher, me pendre.

Ô mon enfant, moi qui t'ai donné la vie, pour t'épargner la mort, Je descends vers l'Hadès. Si tu parviens à repousser l'heure fatale, Souviens-toi de ta mère et de sa fin pitoyable.

Bientôt tu embrasseras ton père,

Tu le serreras en pleurant.

Et alors, raconte-lui ce que j'ai fait. Tous les hommes savent Que les enfants sont la vie. Celui qui l'ignore méprise les femmes. Il échappe à bien des douleurs mais il se loue d'une infortune. »

Andromaque, Euripide (trad. Élio Suhamy).

Emprunts aux sources contemporaines et inventions de Racine

Plusieurs tragédies des années 1650-1660 s'inspirent de la geste troyenne, comme un *Pyrrhus* de Thomas Corneille (1661). Mais les auteurs respectent globalement les données de la pièce d'Euripide, *Andromaque*. On peut également trouver quelques influences sur la construction dramatique de la pièce de Racine dans une tragédie comme *Pertharite* (Corneille, 1651), qui présente des similitudes avec *Andromaque*.

Mais lorsque Racine s'empare du sujet, il lui fait subir des modifications importantes. La plus notable (on la lui a beaucoup reprochée !) est qu'il fait revivre Astyanax, alors que l'enfant d'Hector et d'Andromaque passe pour avoir été jeté du haut des murailles de Troie. Dans la tragédie d'Euripide, Andromaque tente de sauver des griffes d'Hermione le fils qu'elle a eu de... Pyrrhus. On devine le dessein de Racine : il fait d'Andromaque non seulement une mère affligée, risquant de perdre son enfant, mais aussi une épouse fidèle à un seul homme (Hector), proche de l'image de l'épouse chrétienne.

Nous avons également souligné l'adaptation de certains détails au goût du XVIIe siècle. Andromaque n'est plus une concubine, condition trop vulgaire ; Hermione n'est plus la femme de Pyrrhus, mais sa promise. Enfin, l'idée géniale de l'ambassade d'Oreste donne une pression immédiate sur les événements : rien d'extérieur ne vient influencer les actions des protagonistes.

Influence et destinée d'Andromaque

La pièce de Racine fut très tôt considérée comme une tragédie parfaite, un modèle inégalable. Aucun auteur ne fut assez téméraire pour traiter à nouveau le sujet. On ne rencontre que des thèmes connexes, des *Astyanax*, des *Oreste et Pylade*, un *Pyrrhus* de Crébillon en 1726.

Le sujet a été maintes fois traité... en peinture, en particulier à l'époque néoclassique. Le peintre David a représenté *les Adieux d'Hector et d'Andromaque*, *Andromaque et son fils Astyanax se lamentent auprès du lit funèbre d'Hector*, et on ne compte pas les gravures sur le thème *Andromaque sur le tombeau d'Hector*. Cette image a également inspiré Baudelaire :
« Andromaque, des bras d'un grand époux tombée,
Vil bétail, sous la main du superbe Pyrrhus,
Auprès d'un tombeau vide en extase courbée ;
Veuve d'Hector, hélas ! et femme d'Hélénus [1] ! »

Baudelaire, *Le Cygne*, in *Les Fleurs du mal*.

---

1. **Hélénus :** chez les tragiques grecs, Andromaque épouse finalement Hélénus, autre prince troyen survivant.

L'œuvre et ses représentations

La diction tragique

L'histoire des représentations d'*Andromaque* recouvre l'évolution de ce qu'on appelle la « déclamation » tragique. Le théâtre, et en particulier la tragédie classique, s'appuie sur un système de codes, et la diction en fait partie. Nous avons une idée assez approximative de la façon de dire les vers au XVIIe siècle, caricaturée dans le film *Molière* d'Ariane Mnouchkine : une diction ampoulée, où les « r » sont roulés, les acteurs appuyant chaque césure, chaque rime, chaque allitération. Le théâtre repose alors sur la poésie, l'incarnation est secondaire. Les descriptions de représentations raciniennes par Proust indiquent la perception du jeu tragique à la fin du XIXe siècle : subtilité musicale des intonations, expressions de visage et gestuelle très codées. Cette tradition a disparu à l'avènement du cinéma. Dans le film *Marquise* de Véra Belmont, le jeu de la créatrice du rôle d'Andromaque (incarnée par Sophie Marceau) détonne par sa modernité réaliste, comparée à la tradition grandiloquente de la vieille garde.

Au début du XXe siècle, l'essor des grands metteurs en scène modifie une conception de la pièce tournée jusque-là vers les morceaux de bravoure. Le grand André Antoine, en 1912, présente à l'Odéon une reconstitution minutieuse de la tragédie dans les conditions de représentation du XVIIe siècle (du moins telles qu'on se les imaginait alors). Une représentation de Jean Marais en 1944 fit un scandale, probablement plus dû à l'homophobie de la critique de Vichy qu'à une mise en scène révolutionnaire ; Jean Marais y jouait Oreste, Alain Cuny, Pyrrhus, et Annie Ducaux, Andromaque. La diction y hésite entre le modèle traditionnel, encore très fort, et des velléités d'interprétation réaliste (non-respect des pauses en fin de vers, intonations sans effets de voix).

L'œuvre et ses représentations

Quelques mises en scène contemporaines

▌ *Roger Planchon (1989) : des acteurs célèbres*

Les metteurs en scène qui s'attaquent à la pièce sur les scènes importantes hésitent toujours entre le choix de comédiens célèbres, qui attirent le public, et une vraie conception globale de la pièce. La mise en scène de Roger Planchon (1989) a surtout fait date par sa distribution : Richard Berry (Oreste), Miou-Miou (Hermione), Christine Boisson (Andromaque), André Marcon (Pyrrhus) et Jean Reno (Pylade).

▌ *Antoine Vitez (1971) et Daniel Mesguich (1975 et 1992) : des choix opposés*

Antoine Vitez en 1971, Daniel Mesguich en 1975 et en 1992 ont marqué les esprits, en choisissant les directions bien différentes de l'austérité et de la flamboyance. L'apport de Vitez est important : bien qu'il n'hésite pas à pousser les acteurs dans l'hystérie, il décompose le vers racinien, brisant les rythmes internes, osant des enjambements nouveaux, marquant des pauses sans relation avec la cadence du vers, après un article par exemple. Les hésitations de personnages qui semblent en quête de langage détruisent le ronronnement de la diction traditionnelle. Vingt ans plus tard, l'alexandrin a été si bien morcelé, détruit dans son unité, qu'il ne viendrait à l'idée d'aucun metteur en scène de suivre la cadence classique, de peur d'être taxé de ringardise. La mise en scène de Daniel Mesguich explore cette diction au deuxième voire au troisième degré, qui privilégie le décalage et suscite l'étonnement, parfois au détriment de l'émotion.

▌ *Une expérience personnelle*

L'auteur de ces lignes a mis en scène cette pièce à Châtenay-Malabry en 1990. Nous bénéficiions d'une distribution très jeune et très enthousiaste. Le directeur d'acteurs doit lutter contre l'attirante beauté des vers, qui conduit le comédien à devenir spectateur de lui-même : c'est le risque de la complaisance. Il est certain qu'*Andromaque* nécessite, particulièrement pour l'acteur, un travail sur soi considérable. Si trop de respect tue la spontanéité, trop d'orgueil tire la pièce vers des performances parfois brillantes, mais inégales, et inconstantes soir après soir. Sophie Guéron (Hermione), Julien Piana (Pyrrhus) et Dominique Terramorsi (Andromaque) ont franchi ces écueils, parce que l'innocence était accompagnée d'humilité. L'acteur dans l'erreur sera brillant sur un passage, décalé sur un autre ; l'acteur juste le reste à chaque instant. Il me suffisait d'écouter les premiers mots d'un comédien pour être assuré de la justesse de son interprétation tout le temps de la représentation.

Scénographie

Au XVIIe siècle, la représentation des décors n'était pas soumise au réalisme le plus exigeant. Les spectateurs de la tragédie avaient face à eux, pendant trois heures, un système de toiles peintes et d'éléments architectoniques pour figurer l'intérieur d'un palais, ou bien une place, ou encore un port. Pour *Andromaque*, le lieu (« une pièce du palais de Pyrrhus ») était suffisamment abstrait pour permettre toutes les propositions. On connaît des décors des années 1680 où l'on distingue au loin un port (Buthrote est au bord de la mer et Oreste descend de son bateau au début de la pièce), des colonnades, un temple vaguement grec. Les décors de l'époque sont peints sans relief. L'illusion de profondeur est créée par le positionnement de ces « feuilles » successives, qui permettent aux comédiens de se cacher ou de circuler sans se croiser. Les costumes suivent la mode du XVIIe siècle, non celle de l'Antiquité. Le metteur en scène contemporain qui monte *Andromaque* s'adresse à un public très différent, qui ne s'intéresse pas nécessairement aux codes tragiques classiques. Les perfectionnements des techniques d'éclairage dans les années 1970 et 1980 ont été tels que les décors actuels sont pensés avec des effets de lumière et d'obscurité très élaborés. La « journée » de la tragédie peut ainsi être rendue sensible : Oreste arrive à l'aube et la tragédie s'achève au coucher du soleil ; ou l'inverse : dans ma mise en scène, Oreste débarque en Épire en fin de journée, l'acte III se déroule en pleine nuit, à la lueur des torches, et le mariage a lieu à l'aube.

Émotion et technique théâtrale

La réussite d'une mise en scène n'est pas un fait objectif, celle-ci pouvant toucher le spectateur pour des raisons bien différentes : empathie avec tel acteur, magie d'un soir, voix qui atteint le plus profond de l'être. Le spectateur d'aujourd'hui est frappé tout d'abord par cette contrainte d'expression : l'alexandrin. Comment, alors que la phrase est contenue dans ces douze syllabes, exprimer des mouvements de l'âme, des cris, des silences ? Comment accepter que des personnages se lancent dans des tirades sans doute belles, mais parfois dénuées de nécessité ? Pourquoi n'agissent-ils qu'en dehors de la scène ? Pourquoi ces confidents, dont le rôle semble consister à écouter les héros sans véritable dialogue ? Ces questions sont inapplicables telles quelles à la tragédie classique, parce qu'elles relèvent de réflexions psychologiques à tendance réaliste, ce réalisme que le cinéma a imposé à nos sensibilités contemporaines. Pourtant le comédien se doit d'être crédible, de présenter un personnage cohérent. L'interprétation d'*Andromaque* semble être une application directe du célèbre *Paradoxe sur le comédien* de Diderot : pour être juste, l'acteur doit maîtriser les techniques de l'émotion, donc rester maître de lui-même ; mais peut-il émouvoir s'il n'est pas lui-même ému ? Il n'y a pas de réponse toute faite à cette question éternellement posée aux praticiens du théâtre.

Alain Cuny (Oreste), Michèle Alfa et Jean-Marais (Oreste).
Mise en scène de Jean-marais, Théâtre Édouard VII, 1944.

Michèle Baumgartner est Andromaque.
Mise en scène de Daniel Mesguich, Biothéâtre, 1975.

Miou Miou (Hermione) et Richard Berry (Oreste).
Mise en scène de Roger Planchon, TNP, 1989.

Julien Piana (Pyrrhus) et Dominique Terramorsi (Andromaque).
Mise en scène de Élio Suhamy, Chatenay Malabry, 1990.

Véronique Vella (Hermione), Claude Mathieu (Andromaque)
et Gretel Delattre (Céphise). Mise en scène de Daniel Mesguich,
Théâtre du Vieux-Colombier, 1999.

L'œuvre à l'examen

À l' *écrit* Premier sujet proposé

Objet d'étude : tragique et tragédie.

Corpus bac : dilemme et conflit tragique.

TEXTE 1

Bajazet (1672), Racine.
Acte V, scène 4 (extrait).

L'action se déroule en Turquie en 1637. Le sultan Amurat, jaloux de la popularité de son frère Bajazet, ordonne de l'assassiner. Mais, en son absence, la sultane Roxane, amoureuse de Bajazet, lui propose de l'épouser et de prendre le pouvoir. Or Bajazet aime secrètement la princesse Atalide. Roxane le convoque pour un ultimatum ; des esclaves, les « muets », l'attendent en coulisse pour l'assassiner.

ROXANE
Je ne vous ferai point de reproches frivoles :
Les moments sont trop chers pour les perdre en paroles.
Mes soins vous sont connus. En un mot, vous vivez,
Et je ne vous dirais que ce que vous savez.
Malgré tout mon amour, si je n'ai pu vous plaire,
Je n'en murmure point. Quoiqu'à ne vous rien taire,
Ce même amour peut-être et ces mêmes bienfaits
Auraient dû suppléer à mes simples attraits.
Mais je m'étonne enfin que pour reconnaissance,
Pour prix de tant d'amour, de tant de confiance,
Vous ayez si longtemps par des détours si bas
Feint un amour pour moi que vous ne sentiez pas.

L'œuvre à l'examen

BAJAZET

Qui ? Moi, Madame ?

ROXANE

     Oui, toi. Voudrais-tu point encore
Me nier un mépris que tu crois que j'ignore ?
Ne prétendrais-tu point, par tes fausses couleurs,
Déguiser un amour qui te retient ailleurs,
Et me jurer enfin d'une bouche perfide
Tout ce que tu ne sens que pour ton Atalide ?

BAJAZET

Atalide, Madame ! Ô ciel ! Qui vous a dit...

ROXANE

Tiens, perfide, regarde, et démens cet écrit.

BAJAZET

Je ne vous dis plus rien. Cette lettre sincère
D'un malheureux amour contient tout le mystère ;
Vous savez un secret que, tout prêt à s'ouvrir,
Mon cœur a mille fois voulu vous découvrir.
J'aime, je le confesse. [...]

ROXANE

Dans ce comble de gloire où je suis arrivée,
À quel indigne honneur m'avais-tu réservée ?
Traînerais-je en ces lieux un sort infortuné,
Vil rebut d'un ingrat[1] que j'avais couronné,
De mon rang descendue, à mille autres égale,
Ou la première esclave enfin de ma rivale ?
Laissons ces vains discours ; et sans m'importuner,
Pour la dernière fois, veux-tu vivre ou régner ?

---

1. **Rebut :** personne dédaignée. Le *rebut* est Roxane et l'*ingrat* Bajazet.

L'œuvre à l'examen

J'ai l'ordre d'Amurat[1], et je puis t'y soustraire.
Mais tu n'as qu'un moment : parle.

BAJAZET

                        Que faut-il faire ?

ROXANE

Ma rivale est ici, suis-moi sans différer[2] ;
Dans les mains des muets[3] viens la voir expirer,
Et libre d'un amour à ta gloire funeste[4],
Viens m'engager ta foi[5] ; le temps fera le reste.
Ta grâce est à ce prix, si tu veux l'obtenir.

BAJAZET

Je ne l'accepterais que pour vous en punir ;
Que pour faire éclater aux yeux de tout l'empire
L'horreur et le mépris que cette offre m'inspire.
Mais à quelle fureur me laissant emporter,
Contre ses tristes jours[6] vais-je vous irriter !
De mes emportements[7] elle n'est point complice,
Ni de mon amour même et de mon injustice[8] ;
Loin de me retenir par des conseils jaloux,
Elle me conjurait de me donner à vous.
En un mot, séparez ses vertus de mon crime.
Poursuivez, s'il le faut, un courroux légitime ;
Aux ordres d'Amurat hâtez-vous d'obéir.
Mais laissez-moi du moins mourir sans vous haïr.

---

1. **L'ordre d'Amurat :** l'ordre de mettre à mort Bajazet.
2. **Sans différer :** sans attendre.
3. **Muets :** esclaves à la langue coupée, chargés des basses besognes.
4. **Funeste :** se rapporte à *amour* et non à *gloire*.
5. **M'engager ta foi :** me promettre le mariage.
6. **Ses tristes jours :** la vie d'Atalide, qui promet d'être malheureuse.
7. **Emportements :** mouvements déréglés causés par la passion.
8. **Injustice :** refus de rendre justice aux « bienfaits » de Roxane.

Amurat avec moi ne l'a point condamnée :
Épargnez une vie assez infortunée.
Ajoutez cette grâce à tant d'autres bontés,
Madame ; et si jamais je vous fus cher...

ROXANE

Sortez.

Aussitôt sorti, Bajazet est assassiné.

TEXTE 2

Horace, (1640) Corneille.
Acte III, scène 1.

Le conflit éclate entre deux cités : Albe et Rome. Sabine, sœur des Curiaces, héros albains, a épousé Horace, un noble romain. Chacun des camps somme Sabine de trancher en sa faveur.

SABINE
Prenons parti, mon âme, en de telles disgrâces :
Soyons femme d'Horace, ou sœur des Curiaces ;
Cessons de partager nos inutiles soins ;
Souhaitons quelque chose, et craignons un peu moins.
Mais, las ! quel parti prendre en un sort si contraire ?
Quel ennemi choisir, d'un époux ou d'un frère ?
La nature ou l'amour parle pour chacun d'eux,
Et la loi du devoir m'attache à tous les deux.
Sur leurs hauts sentiments réglons plutôt les nôtres ;
Soyons femme de l'un ensemble et sœur des autres :
Regardons leur honneur comme un souverain bien ;
Imitons leur constance, et ne craignons plus rien.
La mort qui les menace est une mort si belle,
Qu'il en faut sans frayeur attendre la nouvelle.
N'appelons point alors les destins inhumains ;
Songeons pour quelle cause, et non par quelles mains ;
Revoyons les vainqueurs, sans penser qu'à la gloire

L'œuvre à l'examen

Que toute leur maison reçoit de leur victoire ;
Et sans considérer aux dépens de quel sang
Leur vertu les élève en cet illustre rang,
Faisons nos intérêts de ceux de leur famille :
En l'une je suis femme, en l'autre je suis fille,
Et tiens à toutes deux par de si forts liens,
Qu'on ne peut triompher que par les bras des miens.
Fortune, quelques maux que ta rigueur m'envoie,
J'ai trouvé les moyens d'en tirer de la joie,
Et puis voir aujourd'hui le combat sans terreur,
Les morts sans désespoir, les vainqueurs sans horreur.
Flatteuse illusion, erreur douce et grossière,
Vain effort de mon âme, impuissante lumière,
De qui le faux brillant prend droit de m'éblouir,
Que tu sais peu durer, et tôt t'évanouir !
Pareil à ces éclairs qui, dans le fort des ombres,
Poussent un jour qui fuit, et rend les nuits plus sombres,
Tu n'as frappé mes yeux d'un moment de clarté
Que pour les abîmer dans plus d'obscurité.
Tu charmais trop ma peine, et le ciel, qui s'en fâche,
Me vend déjà bien cher ce moment de relâche.
Je sens mon triste cœur percé de tous les coups
Qui m'ôtent maintenant un frère ou mon époux.

TEXTE 3

Andromaque (1667), Racine.
Acte I, scène 4 (voir pages précédentes).

L'œuvre à l'examen

a. Question préliminaire (sur 4 points).

Caractérisez le dilemme auquel est confronté(e) le héros (ou l'héroïne) tragique.

b. Travaux d'écriture (sur 16 points) au choix.

Sujet 1 : Commentaire.

Vous ferez le commentaire de la scène de *Bajazet*.

Sujet 2 : Dissertation.

Comment la tragédie propose-t-elle une vision du monde fondée sur des conflits insolubles ? Vous répondrez en vous appuyant sur les textes du corpus et sur d'autres extraits de tragédies que vous connaissez.

Sujet 3 : Écriture d'invention.

Écrivez une tirade en prose qui décrit votre hésitation entre deux projets contraires.

Deuxième sujet proposé

Objet d'étude : le théâtre, texte et représentation.

Corpus bac 2 : la victime tragique

TEXTE 1

Agamemnon (458 av. J.-C.), Eschyle.

Scènes 14 et 15 (extraits).
Traduction : Élio Suhamy.

Agamemnon est de retour de la guerre de Troie. Il amène avec lui une prisonnière, Cassandre, prophétesse troyenne. Dans le palais, Clytemnestre, épouse d'Agamemnon, prépare le meurtre de son mari avec l'aide de son amant, Égisthe.

L'œuvre à l'examen

Clytemnestre et Agamemnon viennent de rentrer dans le palais. La reine a donné l'ordre à Cassandre de les suivre. Mais celle-ci entre en transe prophétique. Elle raconte ses visions au coryphée : ce personnage, sorti du chœur antique, peut dialoguer avec les protagonistes de la tragédie.

CASSANDRE

Misères ! De nouveau le terrible travail prophétique me fait tourner sur moi-même, je m'affole de son terrible refrain ! Je vois des enfants assis près du palais, pareils à des formes de songe. On dirait des enfants tués par leurs parents : ils ont les mains pleines de chair palpitante, pour nourrir leurs proches. Je les vois soutenir leurs intestins et leurs entrailles, que leur père a goûtés !

Un loup, sans courage, médite une vengeance. Vautré dans le lit, il garde la maison et attend le retour du maître, de mon maître puisque je suis son esclave ! Et le chef de la flotte, destructeur de Troie, ne sait pas que l'odieuse chienne lui prépare son malheur, elle qui manifestait sa joie dans des discours sans fin... l'hypocrite ! Voyez où elle pousse l'audace : une femelle qui tue son mâle ! Comment qualifier cette bête : serpent à deux têtes ? Comme Scylla[1], cachée dans les rochers, le fléau des marins ? De quel monstre dois-je emprunter le nom pour cette mère furieuse échappée de l'enfer, qui respire une guerre sans trêve contre ses proches ! Ah ! Le cri de triomphe qu'elle a poussé, la scélérate : cri du guerrier devant l'ennemi en déroute ! Et on croit qu'elle se réjouit du retour et du salut de son mari ! Croyez-moi – ou ne me croyez pas, qu'importe ! Ce qui doit être, sera ; et toi, qui vas bientôt en être le témoin horrifié, tu diras que je fus trop exacte en mes prophéties.

---

1. **Scylla** : comme Charybde, Scylla est un des deux rochers du détroit de Messine, assimilés à des monstres marins.

L'œuvre à l'examen

LE CORYPHÉE

Tu as parlé du festin préparé à Thyeste avec la chair de ses enfants[1]. J'ai compris, j'ai frissonné. Maintenant la terreur me saisit, à entendre la vérité crue, sans masque. Mais pour la suite, mon esprit égaré court après la lumière.

CASSANDRE

Je dis que tu verras la mort d'Agamemnon.

LE CORYPHÉE

Ah ! Tais-toi, malheureuse ! Laisse dormir ta langue !

CASSANDRE

Aucun médecin ne connaît de remède aux maux que je prédis.

LE CORYPHÉE

S'ils voient le jour ! Les dieux nous en gardent !

CASSANDRE

Tu peux faire des vœux ; d'autres préparent un meurtre.

LE CORYPHÉE

Quel est donc l'homme qui prépare cette infamie ?

CASSANDRE

Tu t'éloignes bien loin du sens de mes paroles[2].

LE CORYPHÉE

Je ne vois pas comment s'y prendra l'assassin.

CASSANDRE

Je parle pourtant la langue grecque.

---

1. Thyeste et Atrée, deux frères, se disputaient le royaume de leur père. Atrée a tué les enfants de Thyeste (sauf Égisthe) et préparé un repas auquel il a convié Thyeste. Atrée est le père d'Agamemnon et de Ménélas.
2. Cassandre n'a pas parlé d'un homme mais d'une femme, Clytemnestre.

L'œuvre à l'examen

LE CORYPHÉE

Apollon aussi, et ses oracles sont obscurs.

CASSANDRE

Dieux ! Quel est ce feu ! Il marche sur moi ! Apollon, pitié ! Pitié pour moi ! C'est elle, la lionne à deux pieds qui couchait avec le loup, en l'absence du noble lion[1], c'est elle qui va me tuer, malheureuse ! Dans la coupe où elle brasse le poison, elle mêle mon salaire au fiel[2] de sa vengeance ! Elle aiguise le poignard contre son époux et prétend le punir de mort pour m'avoir amenée ici. (...)

On m'a dit : vagabonde !, comme à une mendiante misérable et affamée, et aujourd'hui le dieu prophète[3] qui m'a fait prophétesse me conduit à ce destin de mort. Au lieu de l'autel de mes pères, un billot m'attend, rougi du sang chaud de mes membres tranchés.

Je ne mourrai pas sans attirer l'attention des dieux ! À son tour, un autre [Oreste] viendra nous venger : un fils qui tuera sa mère ! Il fera payer le meurtre de son père. Fugitif, errant, il viendra couronner l'édifice de forfaits de cette famille. Ce qui le ramènera ? Le souvenir de son père étendu dans le sang.

Alors, pourquoi m'apitoyer et me lamenter ? J'ai vu Ilion [Troie], traitée comme elle l'a été, ceux qui l'ont prise, finir de la sorte, condamnés par les dieux. Allons ! Je serai forte ! Je subirai la mort ! Portes[4], je vous salue comme les portes de l'Hadès[5], et je ne souhaite plus qu'une chose : qu'un coup bien porté ferme mes yeux sans convulsion et répande doucement mon sang.

---

1. **Le loup :** désigne Égisthe. Symbole de cruauté et de lâcheté, contrairement au lion.
2. **Fiel :** humeur noire issue de la bile, représentant la noirceur des projets humains.
3. **Dieu prophète :** Apollon, qui avait poursuivi Cassandre de ses assiduités ; mais, comme elle se refusait à lui, il l'avait condamnée à ne jamais être crue dans ses prédictions.
4. **Portes :** allusion aux portes du palais d'Agamemnon.
5. **L'Hadès :** les Enfers.

L'œuvre à l'examen

TEXTE 2

Zaïre (1732), Voltaire.

Acte III, scène 4 (extraits).

Zaïre est une pièce sur l'intolérance religieuse. La figure humaine du généreux sultan Orosmane s'oppose à l'intransigeance du vieux chef chrétien Lusignan. Voltaire dénonce ici les fanatismes de tous bords et en fait les moteurs de la tragédie.

C'est l'époque des croisades. Parmi les chrétiens captifs du sultan Orosmane se cache la famille de Lusignan, apparentée à Saint Louis. Zaïre, fille de Lusignan, a été élevée dans le sérail comme une musulmane ; elle aime Orosmane et en est aimée.

Orosmane, généreux, s'apprête à libérer tous ses captifs, sauf Zaïre. Lusignan mourant réclame sa fille, et exige qu'elle reprenne sa foi chrétienne. Nérestan, fils de Lusignan, vient transmettre le message à sa sœur.

ZAÏRE

Mon frère, ayez pitié d'une sœur égarée,
Qui brûle, qui gémit, qui meurt désespérée.
Je suis chrétienne, hélas !... j'attends avec ardeur
Cette eau sainte, cette eau qui peut guérir mon cœur.
Non, je ne serai point indigne de mon frère,
De mes aïeux, de moi, de mon malheureux père.
Mais parlez à Zaïre et ne lui cachez rien :
Dites... quelle est la loi de l'empire chrétien ?...
Quel est le châtiment pour une infortunée
Qui loin de ses parents, aux fers abandonnée [1],
Trouvant chez un barbare un généreux appui,
Aurait touché son âme et s'unirait à lui ?

NÉRESTAN

Ô ciel ! que dites-vous ? Ah ! la mort la plus prompte
Devrait...

---

1. **Aux fers abandonnée :** réduite en esclavage.

L'œuvre à l'examen

ZAÏRE

C'en est assez ; frappe, et préviens [1] ta honte.

NÉRESTAN

Qui ? Vous, ma sœur ?

ZAÏRE

C'est moi que je viens d'accuser.
Orosmane m'adore... et j'allais l'épouser...

NÉRESTAN

L'épouser ! Est-il vrai, ma sœur, est-ce vous-même ?
Vous, la fille des rois ?

ZAÏRE

Frappe, dis-je ; je l'aime.

NÉRESTAN

Opprobre [2] malheureux du sang dont vous sortez,
Vous demandez la mort et vous la méritez.
Et, si je n'écoutais que ta honte et ma gloire [3],
L'honneur de ma maison, mon père, sa mémoire ;
Si la loi de ton Dieu, que tu ne connais pas,
Si ma religion ne retenait mon bras,
J'irais dans ce palais, j'irais, au moment même,
Immoler de ce fer [4] un barbare qui t'aime,
De son indigne flanc le plonger dans le tien,
Et ne l'en retirer que pour percer le mien.
[...]

ZAÏRE

Arrête, mon cher frère... arrête, connais-moi [5] ;

---

1. **Préviens :** devance, empêche l'action de s'accomplir.
2. **Opprobre :** tache honteuse.
3. **Gloire :** honneur, devoir.
4. **Fer :** métonymie pour *poignard*.
5. **Connais-moi :** apprends à mieux me connaître.

L'œuvre à l'examen

Peut-être que Zaïre est digne encor de toi.
Mon frère, épargne-moi cet horrible langage ;
Ton courroux, ton reproche est un plus grand outrage,
Plus sensible pour moi, plus dur que ce trépas
Que je te demandais et que je n'obtiens pas.
L'état où tu me vois accable ton courage ;
Tu souffres, je le vois ; je souffre davantage.
Je voudrais que du ciel le barbare secours
De mon sang, dans mon cœur, eût arrêté le cours,
Le jour qu'empoisonné d'une flamme profane [1],
Ce pur sang des chrétiens brûla pour Orosmane,
Le jour que de ta sœur Orosmane charmé...
Pardonnez-moi, chrétiens : qui ne l'aurait aimé ?
Il faisait tout pour moi ; son cœur m'avait choisie ;
Je voyais sa fierté pour moi seule adoucie.
C'est lui qui des chrétiens a ranimé l'espoir ;
C'est à lui que je dois le bonheur de te voir.
Pardonne : ton courroux, mon père, ma tendresse,
Mes serments, mon devoir, mes remords, ma faiblesse,
Me servent de supplice, et ta sœur en ce jour
Meurt de son repentir plus que de son amour.

---

1. **Flamme profane :** passion amoureuse, contraire à la religion (chrétienne, en l'occurrence).

L'œuvre à l'examen

TEXTE 3

Andromaque (1667), Racine.
Acte IV, scène 1, vers 1073-1124 (voir pages précédentes).

a. Question préliminaire (sur 4 points)

À partir des textes du corpus, définissez les caractéristiques de la victime tragique.

b. Travaux d'écriture (sur 16 points) - au choix

Sujet 1 : Commentaire.

Vous ferez le commentaire de la dernière tirade de Zaïre.

Sujet 2 : Dissertation.

Dans quelle intention l'auteur tragique présente-t-il sur scène des caractères hors du commun ? Vous répondrez à cette question en vous appuyant sur les textes du corpus, sur vos lectures et sur votre propre expérience de spectateur.

Sujet 3 : Écriture d'invention.

Décrivez une représentation théâtrale et vos sentiments en cours de spectacle.

 Documentation et compléments d'analyse sur :
www.petitsclassiqueslarousse.com

L'œuvre à l'examen

Objet d'étude : tragique et tragédie
(seconde) / le théâtre, texte
et représentation
(première, toutes sections).

À l'**oral**

Acte III, scène 8.

Question : pourquoi cette scène résume-t-elle les enjeux de la tragédie ?

RAPPEL

Une lecture analytique peut suivre les étapes suivantes :

I. mise en situation du passage, puis lecture à haute voix
II. projet de lecture
III. composition du passage
IV. analyse du passage
**V. conclusion – remarque à regrouper un jour d'oral
en fonction de la question posée.**

I. Situation du passage

Achevant l'acte III, cette scène est consécutive au second revirement de Pyrrhus : le roi a posé un ultimatum à Andromaque. Elle doit choisir de l'épouser ou de livrer son fils Astyanax aux Grecs.

II. Projet de lecture

La première partie de la pièce s'achève avec cette scène : la tragédie reste en suspens, dans l'attente de la décision d'Andromaque. Les discours opposés de Céphise et de sa maîtresse rappellent aux spectateurs les arguments en faveur de telle ou telle décision. La description de la chute de Troie, l'évocation du dernier dialogue avec Hector donnent à la tragédie un arrière-plan épique intense, et au personnage, un accent pathétique exceptionnel.

L'œuvre à l'examen

III. *Composition du passage*

1. Céphise se réjouit de la proposition de Pyrrhus et vante les qualités du roi.

2. Andromaque répond en rappelant tous les malheurs que Pyrrhus a causés à sa famille.

3. Céphise provoque Andromaque en annonçant la mort inévitable de son fils.

4. Lamentation d'Andromaque, qui évoque le dernier dialogue qu'elle eut avec Hector.

5. Dialogue rapide entre les deux femmes : Andromaque ne sait quelle décision prendre, et choisit finalement de consulter les mânes d'Hector.

IV. *Analyse du passage*

1er temps : harangue de Céphise

Les arguments de Céphise sont tout à fait acceptables ; mais ils reflètent un manque de hauteur de caractère, une médiocrité incompatibles avec le statut de l'héroïne tragique, qui ne tolère pas d'accommodements. Céphise décrit la position d'Andromaque comme un entêtement « criminel » lié à « trop de vertu », preuve qu'elle ne peut égaler sa maîtresse. Encouragée par le silence d'Andromaque, Céphise prolonge son exhortation avec une apologie de Pyrrhus. À l'entendre, épouser Pyrrhus permettrait à Andromaque de retrouver son rang.

2e temps : réfutation d'Andromaque

Andromaque refuse d'abord d'« oublier », mot répété trois fois en quatre vers. Ce refus est existentiel : Andromaque perpétue la mémoire de son époux. Épouser Pyrrhus serait une négation de son existence et de sa famille. Se décrivant elle-même à la troisième personne, Andromaque préfigure le thème du vers 1044 : elle ne s'appartient plus. Le superbe récit de la chute de Troie, inspiré de Virgile (voir plus haut), hausse d'un ton le niveau de la scène : Andromaque se doit d'être à la hauteur de ses illustres parents. Ce récit a pour but de dénigrer Pyrrhus, présenté comme une brute sanguinaire. Ce dernier point de réfutation des arguments de Céphise réutilise le terme de « crimes » (vers 1009) dont la confidente l'avait chargée (vers 982) : l'unique criminel est bien Pyrrhus.

3e temps : la relance réaliste

En deux vers atroces (1012-1013), Céphise détruit l'échafaudage des arguments d'Andromaque. Tous ces discours, pour justifiés qu'ils soient, ont une conséquence immédiate et cruelle : la mort d'Astyanax. Le fils d'Andromaque n'avait pas été cité depuis le vers 980. Racine apprécie ce genre d'incise brutale, qui vient briser un flux et réorienter la scène.

4e temps : lamentation d'Andromaque

La tirade d'Andromaque est elle-même constituée de plusieurs temps. Andromaque se lamente d'abord à l'idée de perdre son fils, « image d'Hector ». Le ton est plaintif, parcouru d'éclats douloureux (« Ah ! », « Quoi ! », « Hélas ! »). Puis l'évocation de son époux défunt devient plus pressante : Andromaque revit ses adieux d'Hector et le fait parler, confiant Astyanax à sa garde. Ce tableau est directement inspiré d'un très célèbre passage de *L'Iliade* (chant VI). Revigorée par ce souvenir, Andromaque se sent prête à affronter Pyrrhus : elle clame sa haine, en un cycle de questions (sept points d'interrogation sur les dix derniers vers). Mais l'image d'Astyanax resurgit et brise cet élan. La mère s'adresse directement au fils absent : *tu meurs si je n'arrête / le fer que le cruel tient levé sur ta tête*. L'héroïne prend une décision, mais la renie aussitôt.

5e temps : la succession rapide des registres

Pas moins de neuf échanges entre Céphise et Andromaque sur les onze derniers vers : la scène va s'achever dans l'instabilité propre au dilemme. Andromaque doit décider. Elle donne des ordres qui n'en sont pas (trois fois « allons ») et n'ose prononcer un arrêt. Les répliques reproduisent les registres et les thèmes évoqués dans la scène entière, voire, pour ces personnages, dans toute la tragédie : le pathétique, l'élégiaque ; le questionnement et l'acceptation. La décision d'Andromaque est contenue dans le vers déjà cité : *Hélas ! pour la promettre est-elle encore à moi ?* Elle

L'œuvre à l'examen

comprend qu'elle n'est plus en jeu elle-même et évoque tous les personnages absents qu'elle représente : les Troyens, Hector, Astyanax et son père. (Le père d'Andromaque, Éétion, ainsi que ses sept frères, ont été tués par Achille. Mais, dans ce vers, Andromaque fait plus probablement allusion à son beau-père, Priam.)

V. Conclusion

Cette scène est un sommet de la tragédie. Les discussions portent sur le dilemme auquel est confronté le personnage qui donne son nom à l'œuvre. Les arguments présentés par Céphise sont l'écho des interrogations partagées avec le spectateur. La confidente est ici l'héritière du chœur antique, qui crée une passerelle entre le monde extérieur (la cité, les spectateurs) et les héros au destin tragique. Céphise fait preuve de bon sens et de pitié, mais ces qualités humaines n'atteignent pas le « sublime » propre aux héros tragiques. La scène n'est pas qu'un moment dramatique intense lié au déroulement de l'histoire ; elle est aussi un sommet stylistique de l'œuvre. Racine a choisi de placer ici un morceau de bravoure attendu – l'évocation de Troie – dans la bouche d'Andromaque, rendant concrète la douleur de l'unique rescapée d'un massacre. La succession des registres au cours de la scène nous fait revisiter une bonne partie des thèmes de la tragédie.

AUTRES SUJETS TYPES

Objet d'étude (seconde) : « tragique et tragédie ».
• *Dans le monologue d'Hermione (acte V, scène 1), comment les registres propres au tragique contribuent-ils au sentiment d'horreur qui se dégage de la scène ?*

Objet d'étude (seconde) : « théâtre, texte et représentation ».
• *Étudiez les mouvements de personnages dans l'enchaînement des scènes 4 à 7 de l'acte III.*

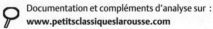 Documentation et compléments d'analyse sur :
www.petitsclassiqueslarousse.com

Outils de lecture

Alexandrin
Vers de douze syllabes.

Allitération
Répétition des consonnes
initiales ou intérieures
dans un vers.
*Pour qui sont ces serpents qui
sifflent sur vos têtes ?* (vers 1638).

Anaphore
Figure de style : répétition,
en tête de vers d'un même mot
ou groupe de mots.

Aparté
Parole qu'un personnage
prononce sans être entendu
des autres personnages présents.

Assonance
Répétition du même son,
en particulier de la voyelle
accentuée, à la fin de chaque vers.

Cadence
Rythme dû à l'accentuation,
s'appuyant sur les césures
et autres repos dans le vers.

Catastrophe
Dans une pièce, dernière
péripétie, qui conduit
au dénouement.

Césure
Repos à l'intérieur d'un vers ;
au milieu du vers dans
l'alexandrin.

Courtois (langage)
Langage exaltant le pouvoir
raffiné de l'amour.

Dénouement
Conclusion d'une pièce
de théâtre, qui apporte
la résolution du conflit et fixe
le sort des personnages.

Didascalies
Texte d'une pièce non prononcé
par les personnages (indications
de mise en scène ou de jeu).

Dramaturgie
Art d'écrire une pièce de théâtre
selon des règles.

Élégiaque (registre)
Sur un ton mélancolique
et douloureux.

Empathie
Mouvement d'identification
à quelqu'un, en ressentant
ce qu'il ressent.

Éponyme
En littérature, un personnage
éponyme donne son nom
à l'œuvre entière.

Épopée
Poème vantant les exploits
d'un héros ou d'un groupe
humain, comme *L'Iliade*,
L'Odyssée, *L'Énéide...*

Exhortation
Discours visant à persuader
quelqu'un d'agir.

Exorde
En rhétorique classique, première
partie d'un discours, rappelant
les enjeux.

Exposition
Première partie d'une pièce
de théâtre, comportant toutes
les informations nécessaires
à la compréhension de l'action.

Outils de lecture

Galant (vocabulaire)
Vocabulaire poli et délicat, ayant rapport aux relations amoureuses.

Harangue
Discours solennel, à l'intention d'un personnage de haut rang ou d'une assemblée.

Hémistiche
Moitié d'un vers, marquée par un repos, ou *césure*.

Intrigue
Ensemble des actions accomplies par les personnages.

Invective
Suite de paroles violentes dirigées contre quelqu'un.

Jansénisme
Doctrine chrétienne rigoriste dont les partisans étaient très influents à la cour de Louis XIV.

Lyrique (registre)
Qui a trait à l'expression de sentiments personnels.

Métonymie
Figure de style qui remplace l'objet par la matière qui le constitue.

Monologue
Paroles prononcées par un personnage seul sur scène.

Nœud
Partie de l'intrigue pendant laquelle les volontés des personnages s'affrontent.

Pathétique (registre)
Qui suscite une émotion violente, et souvent la compassion.

Péripétie
Retournement inattendu, modifiant le cours de l'action.

Réplique
Prise de parole d'un personnage dans un dialogue.

Rhétorique
Art de bien parler.

Rime
Disposition de mots à finale identique à la fin de deux unités rythmiques, de deux vers consécutifs en tragédie classique. Une rime riche comprend au moins la voyelle et sa consonne d'appui. Une rime féminine (ou masculine) se termine par un « e » muet (ou non). Une rime intérieure se produit à l'hémistiche :
*Je renvoie Hermione,
et je mets sur son front
Au lieu de ma couronne,
un éternel affront.*

Scène
Partie d'un acte, caractérisée par la présence continue des personnages.

Scénographie
Conception du décor, des costumes et des lumières pour un spectacle.

Stichomythie
Partie d'un dialogue théâtral où les personnages se répondent vers pour vers, créant une accélération du rythme.

Tirade
Longue réplique d'un personnage.

Bibliographie, filmographie, musicographie

Éditions des œuvres de Racine

• *Racine, théâtre,* bibliothèque de la Pléiade, nouvelle édition par Georges Forestier, Gallimard, 1999.

Sur l'esthétique de Racine

• *La Dramaturgie classique en France*, Jacques Scherer, Nizet, 1950.

• *Les Grands Rôles du théâtre de Jean Racine*, Maurice Descotes, PUF, 1957.

• *Sur Racine*, Roland Barthes, Éditions du Seuil, 1963.

• *Racine*, Jean-Louis Backès, Éditions du Seuil, 1981.

• *Racine et la tragédie classique*, Alain Niderst, PUF « Que sais-je ? », 1978.

• *Racine,* Thierry Maulnier, Gallimard, 1935.

• *Le Dieu caché. Étude sur la vision tragique dans les « Pensées » de Pascal et dans le théâtre de Racine,* Lucien Goldmann, Gallimard, 1956.

• *Lectures de Racine,* Jean-Jacques Roubine, Armand Colin, 1971.

• *Racine, la stratégie du caméléon,* Alain Viala, Seghers, 1990.

Sur le genre tragique et le théâtre du XVIIe siècle

• *La Dramaturgie classique en France*, Jacques Scherer, Nizet, 1950.

• *La Tragédie à l'âge classique*, Christian Delmas, Éditions du Seuil, 1994.

• *L'Esthétique galante*, sous la direction de Alain Viala, Société de littérature classique, Toulouse, 1990.

Bibliographie • filmographie • musicographie

- *La Vie quotidienne des comédiens au temps de Molière,* Georges Mongrédien, Hachette, 1982.

Filmographie

- *Marquise*, de Véra Belmont, 1997. Biographie assez fantaisiste et réussie de Marquise Du Parc, première interprète d'Andromaque, incarnée par Sophie Marceau ; Racine est interprété par Lambert Wilson et Molière par Bernard Giraudeau, Louis XIV par Thierry Lhermitte et Gros-René par Patrick Timsit.

- *Les Troyennes*, réalisation de Michel Cacoyannis, 1971.

- Des répétitions raciniennes dans *L'Amour fou,* de Jacques Rivette, 1968.

- Pour les conditions de représentation théâtrale au XVIIe siècle : *Molière*, d'Ariane Mnouchkine, 1974.

Musicographie

- Musique de scène pour *Andromaque*, Camille Saint-Saëns.

Crédits Photographiques

Couverture:	Dessin Alain Boyer
	Ph. © Rue des Archives/BCA
7	Ph. Jeanbor © Archives Larbor
11	Ph. Coll. Archives Larbor
60	Ph. Olivier Ploton © Archives Larousse
74	Ph. Coll. Archives Larbor
82	Ph. Jean Dubout © Archives Larbor
103	Ph. Olivier Ploton © Archives Larousse
120	Ph. Olivier Ploton © Archives Larousse
149	Ph. © Lido/Sipa
150	Ph. © Coqueux/Specto
151	Ph. © Coqueux/Specto
153	Ph. © Coqueux/Specto

Direction de la collection : Carine Girac - MARINIER
Direction éditoriale : Claude NIMMO, avec le concours de
Romain LANCREY-JAVAL
Édition : Emmanuelle BAUQUIS, avec la collaboration de
Marie-Hélène CHRISTENSEN
Lecture-correction : service Lecture-correction Larousse
Recherche iconographique : Valérie PERRIN, Laure BACCHETTA
Direction artistique : Uli MEINDL
Couverture et maquette intérieure : Serge CORTESI
Responsable de fabrication : Marlène DELBEKEN

Photocomposition : Nord Compo à Villeneuve-d'Ascq
Impression La Tipografica Varese Srl en Italie - 308371-07
Dépôt légal : Juillet 2006 - N° de projet : 11034038 - octobre 2016